ROSEBUD

Champs visuels

Collection dirigée par Pierre-Jean Benghozi, Raphaëlle Moine, Bruno Péquignot et Guillaume Soulez

Une collection d'ouvrages qui traitent de façon interdisciplinaire des images, peinture, photographie, B.D., télévision, cinéma (acteurs, auteurs, marché, metteurs en scène, thèmes, techniques, publics etc.). Cette collection est ouverte à toutes les démarches théoriques et méthodologiques appliquées aux questions spécifiques des usages esthétiques et sociaux des techniques de l'image fixe ou animée, sans craindre la confrontation des idées, mais aussi sans dogmatisme.

Dernières parutions

Noël BURCH, *La quête de sens, Une vie de bâton de chaise, Tome 2*, 2023.
Jean-Pierre FLAYEUX, *L'exploit physique réel chez Buster Keaton,* 2023.
May EL KOUSSA, *De la dynamique des larmes au cinéma. Sirk, Kieslowski, Bergman*, 2023.
Dominique CHATEAU et José MOURE (dir.), *Du quotidien dans le cinéma japonais (et français)*, 2022.
Manon GRIMAUD, *Du figural a la psychanalyse*, 2022.
Joachim Daniel DUPUIS, *Marco Candore. Mécanoscope, un cinéma pirate*, 2022.
Manon GRIMAUD, *Nolan, le temps et Bergson.* Tenet, *le cinéaste à la rencontre du philosophe*, 2022.
Jean-Michel ROPARS, *Cinéma, littérature : le temps dans dix œuvres*, 2022.
Françoise BARBE-PETIT et Anne-Laure DUBRAC, *Alfred Hitchcock à la lettre. Entre cris et écrits,* 2021.
Paul OBADIA, *Devant le décor. Le personnage et le monde ((Duvivier, Carné, Hitchcock, Melville)*, 2021.
Jean-François PIGOULLIÉ, *La décennie 2010 au miroir des fictions .télévisées*, 2021.
Maxime DIDAT, *Géopolitique et cinéma, Image(s) de la puissance, puissance des images*, 2021.

Guillaume Richard

ROSEBUD

De *Citizen Kane* au porno gonzo

L'Harmattan

5-7, rue de l'Ecole-Polytechnique, 75005 Paris
http://www.editions-harmattan.fr
ISBN : 978-2-14-034561-6
EAN : 9782140345616

À mon père, qui a emporté avec lui son rosebud,
et qui aurait été le premier lecteur de ce livre.

À Sébastien Barbion

Sommaire

§ Préambules

Le *rosebud* de *Citizen Kane,* clé de voûte du célèbre classique qu'Orson Welles réalisa en 1941, s'est élevé au rang de mythe du cinéma. Tous les cinéphiles connaissent son histoire et sa signification. Mais se peut-il qu'il ait traversé les âges et les styles pour se constituer comme un phénomène à part entière et, par là, excéder largement le cadre strict de *Citizen Kane* ? Le *rosebud* pourrait-il avoir ainsi acquis sa propre autonomie sémantique et fonctionner comme un événement qui influence le monde et les personnages qui lui sont liés ? Pourrait-il même avoir existé avant le film d'Orson Welles ? Pourrait-il être, au fond, l'autre nom d'événements négatifs que nous croisons tous dans nos existences ?

Ce livre est une tentative de réponse à ces hypothèses qui se présentent au spectateur comme une aventure perceptive dans un corpus de films où se déplient différentes formes de *rosebuds*. Il faut ainsi avancer l'idée qu'il y a plusieurs formes, mais elles font toutes événement d'une manière assez similaire : en confrontant le(s) personnage(s) et le spectateur à des secrets destructeurs, des malédictions, des dangers, des agressions ou des obsessions qui noircissent la vie. Car en effet le *rosebud* n'est pas un événement *positif* mais bien *négatif*, comme dans *Citizen Kane* où il correspond à la blessure profonde de Charles Forster Kane, celle qui, au fond, a fait de lui un ogre. C'est, plus précisément encore, un processus immanent négatif, un « mauvais sort » qui est en lien avec ce qu'on peut appeler, faute de mieux, quelque chose comme le *mal*, entraînant par là des chutes, des naufrages, des malheurs. Dans d'autres cas encore, les *rosebuds* mettent en lumière des vérités, elles aussi négatives, dissimulées derrière les apparences.

La particularité de cette aventure perceptive est que nous n'allons pas traquer des traîneaux, mais des roses, dont on voit une reproduction sur le jouet de Kane avant que celui-ci ne soit jeté au feu. L'idée n'est pas de recenser les références ou les hommages à *Citizen Kane*, mais de mettre en lumière son spectre buissonnant et ce *rosebud* qui désormais ne lui est plus propre. La rose se présente comme le signe de cet héritage. C'est du moins le pari que nous allons tenter à travers ces pages : lier la rose au processus négatif du *rosebud*. Mais, à nouveau, il ne s'agit pas de traiter de « la rose au cinéma », ce qui serait à la fois superficiel et improductif. Nous espérons que le lecteur trouvera autre chose dans ce livre et que la thèse déployée le stimulera et le poussera à s'interroger sur la nature des roses qu'il découvre à l'écran. Ces fleurs sont utilisées de bien des manières au cinéma. Dans l'imaginaire collectif, elles sont assimilées à l'amour. Il existe même une taxinomie spécifique complètement désuète, la rouge caractériserait donc l'amour, la jaune l'amitié, etc. Nos développements se tiendront très loin de ce type d'analyse : le *rosebud* se différencie, à bien des niveaux, d'une poétique romantique de la rose. Si celle-ci existe bien et apparaît dans de nombreux films — un bouquet de roses rouges en est le cliché — elle devient inopérante lorsque la rose cesse de représenter l'amour. C'est alors qu'elle peut devenir le signe qu'un *rosebud* passe par là et investit le monde. Au regard de cette inversion des valeurs (il n'est plus question d'amour mais de malheur), beaucoup de roses se mettent à raconter autre chose. Notre analyse, à l'affût des signes, mettra en lumière au moins trois types de processus, à savoir des événements psychiques (touchant à la conscience et à l'esprit), topologiques et pornographiques. Nous avons essayé, dans la mesure du possible, d'éviter de basculer dans un symbolisme strict qui serait lui aussi improductif : si l'idée est de débusquer des roses, il faut soit le faire en mettant en lumière les processus narratifs et visuels qu'elles construisent, soit en montrant comment elles (dés)organisent un monde.

Une autre particularité d'un *rosebud* est qu'il peut contaminer le spectateur (parfois au sens strict du terme, comme dans sa forme pornographique, assez choquante), qui n'est pas non plus à l'abri des maux qui touchent les personnages ou les acteurs. Ce livre ne protégera pas son lecteur/ spectateur des effets négatifs potentiels du *rosebud*, car il peut correspondre à nos propres blessures, secrets et obsessions. Cet essai est un livre noir et maléfique : les lecteurs sont prévenus. Un *rosebud* marque toujours l'existence d'un point de basculement. Le cinéma nous regarde, ne l'oublions pas, et nous nous y projetons pour nous retrouver ou nous y perdre. La frontière entre le réel et l'imaginaire peut donc s'avérer poreuse. Ce livre repose sur une théorie à double hélice à la fois esthétique et spectatorielle. Si le *rosebud* ne porte pas ce nom au niveau diégétique, qu'il peut être invisible pour les personnages, il peut en revanche ne pas l'être pour le spectateur en se donnant à voir frontalement, comme s'il nous pendait au bout du nez à la manière de la *Lettre volée* d'Edgar Allan Poe.

Toujours dans le même ordre d'idées, il peut aussi être invisible pour le cinéaste. Le *rosebud* pourrait ainsi correspondre au secret dont parle Jacques Rivette lorsqu'il cherche à donner une définition du cinéma[1] : « Je crois qu'il y a, au centre de toute œuvre qui mérite d'être considérée comme telle, un secret, et un secret qui n'est pas une énigme de narration, qui ne relève pas du simple bricolage. Mais un secret au sens le plus fondamental. [...] Ce secret-là est un secret de l'être, un secret que ne connaît pas le cinéaste, c'est un secret que le cinéaste porte sans le savoir, c'est le secret de choses très personnelles, très existentielles, très suggestives, et que le film se trouve porter. [...] Le film dit des choses sur lui,

[1] Jacques Rivette, *Textes critiques*, Paris, Post-éditions, 2018, pp.399-400.

et donc, à travers lui, sur l'humanité, choses qu'il n'avait pas la moindre intention de dire ».

À la différence de Rivette, il faut plutôt affirmer que le *rosebud* n'est pas le secret premier du film, mais un des secrets possibles qu'il renferme et qui peut être en effet invisible pour le cinéaste. Cela montre surtout que le *rosebud* naît autant de la configuration d'une œuvre qu'il ne provient, directement ou indirectement, du monde réel dont il conserve la trace et à partir duquel tout spectateur peut se projeter. Nous sommes ici loin d'une analyse dite « thématique » et d'une célébration de la politique des auteurs.

Ce livre restera bien évidemment non exhaustif et lacunaire. Nous n'exposerons qu'une poignée de cas significatifs rencontrés le plus souvent au hasard de nos recherches. Dans le cas du *rosebud* pornographique, la rencontre fut brutale, et c'est elle qui se trouve à l'origine de cet essai. Ce qui est en tout cas certain au vu du nombre d'exemples dont nous disposons, c'est que cette poétique du *rosebud* ne peut pas relever de la pure coïncidence. Ces processus immanents négatifs sont là, devant nos yeux et dans nos vies. D'un point de vue méthodologique, nous parlerons quand même de certains films traversés par des *rosebuds* évidents sans qu'il n'y ait de roses pour les identifier à l'écran (chez Christopher Nolan, par exemple). Nous ne ferons pas non plus de distinction entre la rose et le bouton de rose, ainsi que pour leurs différentes couleurs. Le maximum de précaution a été pris pour identifier le type de fleurs qui apparaît à l'écran, mais peut-être subsiste-t-il des erreurs lorsque leur reconnaissance est difficile. Enfin, nous n'avons pas non plus étudié de contre-exemples car à notre sens, les *rosebuds* sont essentiellement négatifs, mais nous pouvons bien sûr nous tromper. Le champ de réflexion, à partir de cette négativité, est justement très large.

De toutes les critiques qui pourront nous être formulées, une paraît la plus logique : *quid* de tous les films traitant de secrets, de malheurs et d'obsessions qui ne recourent pas à une poétique du *rosebud,* soit un nombre important de films ? Nous pourrions avancer l'idée qu'un *rosebud* est un des secrets dont parle Jacques Rivette. Il faut nuancer un point important : si le cinéma se fait art par le *rosebud,* celui-ci n'est peut-être pas pour autant ontologiquement cinématographique. Un nom lui a été donné par Orson Welles et à cette époque, il a révolutionné le cinéma en introduisant une nouvelle profondeur, une nouvelle dimension, une nouvelle façon de raconter une histoire. Mais il a peut-être pu exister avant sans être forcément nommé. Le *rosebud* a-t-il été reproduit en peinture ou en littérature ? Il faudrait le démontrer. Or, si le *rosebud* a une quelconque propriété ontologique, c'est d'abord du côté de nos vies qu'elle se trouve, puisque ce qui la met à l'épreuve est bien réel et le cinéma ne fait que s'en inspirer, même inconsciemment ou de manière indirecte, sans parler de son existence effective dans la pornographie.

I. Poétique du *rosebud*

§ 1 : « No trespassing »

« No trespassing » — il est interdit d'entrer —, ce panneau disposé sur la grille qui barre l'accès au manoir de Charles Foster Kane dans *Citizen Kane*, accueille le spectateur par une mise en garde. Derrière cette clôture, au milieu d'un Xanadu abandonné aux dévastations du temps, quelque chose est caché et ne doit pas attiser les regards. Pourtant, la caméra va surmonter la pancarte et braver l'interdit. La demeure de Kane, entourée de marais lugubres et de brouillard, apparaît au loin sur une colline telle une maison hantée qu'il ne viendrait pas à l'esprit de visiter. Une lumière trouble alors la nuit humide, un homme est allongé sur son lit dans sa chambre ; dans sa main se trouve une boule à neige contenant un petit chalet de montagne. L'homme (Kane lui-même) lâche alors la boule et prononce d'une voix caverneuse le mot le plus célèbre de l'histoire du cinéma : *rosebud*. Ce sera aussi son dernier puisqu'une infirmière pénètre dans la chambre quelques instants plus tard pour signifier sa mort en le recouvrant tout entier de son drap. Une enquête s'ouvre autour de la vie grandiloquente de Kane. Le mot est-il une référence à une femme ? À un souvenir ? Seul le spectateur connaîtra la signification réelle du *rosebud* qui sera divulguée à la fin du film : il s'agit du traîneau de Kane enfant où sont imprimés le mot « rosebud » et un bouton de rose. Ce plan où brûle le traîneau ouvre une porte sur son enfance volée, sa blessure la plus profonde, les sables mouvants de son être.

Ce secret caché et dévastateur imprègne la vie chaotique de Kane qui en porte la marque dans ses soubresauts gargantuesques. Il pourrait, dans une perspective étendue, ne plus seulement être celui de *Citizen Kane,* mais un phénomène à part entière qui agirait avec des effets souvent similaires au sein d'une économie esthétique bien définie. Or, cette transversalité, qui porte en elle une universalisation possible du *rosebud* comme événement, n'a peut-être pas encore été perçue dans toute sa puissance, ses enjeux comme ses effets pouvant circuler entre les films et les époques. Dans *Le plaisir des yeux*, François Truffaut relate l'anecdote selon laquelle « ni Joseph L. Mankiewicz, ni Orson Welles, ne voulaient endosser la paternité du *rosebud* qui étaient pour eux un gimmick freudien plutôt *cheap* et qui serait comme une tache sur le film »[1].

Une première recontextualisation du *rosebud* dans *Citizen Kane* présente les choses autrement. Il y a d'abord une interdiction — ce « No trespassing » qu'il ne faudrait pas trop vite écarter — qui va de pair avec la découverte même du *rosebud.* Si l'entrée est interdite, c'est que quelque chose de puissant, de dangereux, de destructeur se cache derrière la grille et il vaudrait mieux être bien préparé pour y faire face. Le *rosebud* est le secret le plus intime et le plus puissant que Kane cache au plus profond de lui-même, à l'ombre de ses ambitions monstrueuses, de sa vie rocambolesque et du regard des autres. Son ami Leland dira de lui qu'il ne termine jamais rien de ce qu'il entreprend. La vie de Kane est la face visible d'un négatif qui est son *rosebud* : une version maladive et inconsistante qui le pousse à vouloir tout posséder, à l'image de son immense collection d'œuvres d'art moisissant dans les caves de Xanadu. Kane est un être qui ne peut pas *se fixer* dans la réalité. Il sera toujours en décalage car la puissance invisible de son *rosebud* fera échouer toutes ses tentatives d'habiter paisiblement le monde.

Le *rosebud* ne peut pas être confondu avec un gimmick scénaristique. Sa nature en fait une vérité qui ne cesse de remonter à la surface et de désorganiser les sujets dans leurs rapports au monde. C'est un secret, un événement qui affecte

---

[1] François Truffaut, *Le plaisir des yeux,* Paris, Flammarion, 1987, pp.119-120.

les individus et le monde. Y penser c'est presque déjà basculer dans ses limbes noirs, dans l'obsession et les hantises, mais aussi dans la folie et parfois, comme dans *Citizen Kane*, jusque dans la mort. On peut ainsi ne jamais revenir d'un *rosebud*. Si sa forme, les conditions et les effets de l'apparition d'un *rosebud* ne se répétaient pas dans d'autres films et sous des modalités similaires à *Citizen Kane,* l'affaire serait limitée depuis longtemps à la seule œuvre d'Orson Welles. Mais voilà que des films déplient à leur tour des *rosebuds,* que des roses ou des boutons de rose traduisent les décalages et les errements de sujets qui se détruisent à petit feu à cause de leur secret ou d'une obsession qui les hante. « Chaque chose, dit-on, attend qu'un poète le nomme pour que, enfin, elle existe réellement, peut-être attend-elle aussi son image », comme le rappelle si bien Youssef Ishaghpour[1]. Un *rosebud* attend d'être nommé. C'est un pli à la surface du monde et des images qu'il est possible de rencontrer, soit quand on le provoque, soit lorsqu'il nous tombe dessus. Il traverse les décennies, les cinémas et son Histoire, et se moque bien de la politique des auteurs. Le spectateur doit lui aussi rester sur ses gardes quand on lui défend d'entrer à Xanadu. Car, à l'instar de Kane, il peut ne pas être épargné… Tout dépend de la manière dont il expérimente les films et de son rapport aux images qui peuvent produire sur lui des effets inattendus. Tout dépend aussi de la manière dont il vit mais nous rencontrons tous, à un moment donné, un *rosebud.*

---

[1] Youssef Ishaghpour, *Kiarostami. Le réel, face et pile*, Belval, Les éditions Circé, 2007, p.23.

§ 2 : Vertiges

« No trespassing », encore, mais cette fois-ci dans le monde réel. Celui qui se rend aujourd'hui à Fort Point, au pied du célèbre pont de San Francisco où a été tournée la scène de Madeleine tombant à l'eau dans *Vertigo* d'Alfred Hitchcock, se retrouve, comme le spectateur de *Citizen Kane*, face à un grillage où apparaît le même panneau d'interdiction[1]. Si ce point de jonction relève évidemment du simple hasard, il permet néanmoins de créer un lien fort entre les deux films. Car au-delà du « No trespassing » qui met en garde celui qui veut s'aventurer près des eaux de la baie de San Francisco, que (re)trouve-t-on sinon les obsessions, les secrets destructeurs et le vertige qui forment le *rosebud* si singulier de Scottie dans *Vertigo* ?

Dans la séquence de la jetée de *Vertigo*, Scottie, qui arrive au bout de la filature de Madeleine, la retrouve sous le pont de San Francisco où la jeune femme dégarnit progressivement son bouquet de roses en l'arrachant pétale par pétale pour les répandre dans l'eau. Le motif de la rose hante toute la première partie du film. Il caractérise moins le personnage de Madeleine et son double fantomatique (Carlotta Valdes) que le désir nécrophilique de Scottie dont la rose signale la manifestation invisible. Hitchcock utilise la rose comme un cache, ou plus précisément comme une sorte de cache-sexe qui laisse infuser dans le récit le *rosebud* inavouable de Scottie. De couleur rouge, elle diffuse la puissance de son trouble dans l'espace et perturbe l'équilibre intérieur de Scottie. Quand celui-ci se retrouve dans un hôpital psychiatrique à la fin de la première partie du film, il se met à souffrir de visions teintées de bleu

[1] Jérémy Quicke, « L'ombre de Madeleine derrière le grillage : Sur les traces de *Vertigo* à San Francisco », *Le Rayon Vert* [En ligne], le 15 octobre 2019.

puis de rouge d'où jaillissent un bouquet de roses et ses pétales. Il voit ensuite une incarnation vivante de Carlotta Valdes et sa tombe ouverte. La rose est ici clairement liée au *rosebud* qui caractérise l'excitation nécrophilique pour une morte qui revient à la vie. Il y a ainsi une deuxième forme de vertige dans le film. La première est un symptôme lié à un trouble acrophobique (Scottie a peur du vide après une malheureuse course policière sur les toits de la ville), la seconde à un abîme créé par la manifestation (ou le retour du refoulé) d'un secret dévastateur, un *rosebud* au spectre puissant : la nécrophilie.

Il est possible de revenir sur le célèbre générique d'ouverture de Saul Bass au départ de cette distinction. Ce n'est plus la peur de tomber qui domine mais l'apparition du motif de la rose, soit le retour du *rosebud*, qui semble surgir de l'inconnu à travers diverses formes géométriques. L'œil de la femme filmé en noir et blanc perçoit les formes et non l'inverse. C'est le propre d'un *rosebud* de placer d'abord le sujet dans une position de réception et de perception puis d'entraîner du vertige et toute une série de symptômes. L'œil regarde et subit : dans le générique, les images deviennent rouges, signe que quelque chose a désorienté la perception. Serait-ce la projection fantasmée et abstraite de la pulsion nécrophilique de Scottie ? Une image qui le hante inconsciemment ? Ce générique pourrait présenter la cartographie mentale de Scottie où agit depuis toujours la puissance de son *rosebud.* Son acrophobie, qui l'empêche même de monter sur un escabeau, n'est que la petite crevasse d'un cratère bien plus large : le vertige est ce qui se produit une fois le *rosebud* remonté à la surface.

Vertigo est divisé en deux parties. La première s'intéresse au fantasme macabre de Scottie tandis que la seconde le reconstitue de manière plus comique et romantique. C'est bien sûr dans la première que le secret de la nécrophilie se déplie avec ses propres caractéristiques esthétiques liées au motif de la rose. Pour rappel, Scottie est réquisitionné par un ami pour qu'il espionne sa femme, Madeleine, qui serait possédée par le fantôme d'une morte, Carlotta Valdes. Lors de leur première rencontre dans un restaurant chic de San Francisco, la caméra d'Hitchcock effectue un travelling arrière partant du bar où Scottie épie le couple jusqu'à ce que la pièce entière soit visible. Ce travelling révèle un grand bouquet de roses posé sur un meuble ainsi que les murs rouge vif du restaurant. Quand le couple se lève pour partir, Madeleine effleure Scottie, un plan la présente de profil et l'image se colore légèrement de rouge. Le décor du trouble est posé, avec les roses et la couleur intensifiée pour éveiller les premiers signes d'une manifestation du *rosebud* de Scottie. Un double événement — une rencontre et un trouble — fractionne son monde.

Dans la première partie de *Vertigo*, le désir nécrophilique se met à hanter progressivement le récit, parfois dans le champ et bien souvent hors-champ, laissant au spectateur le soin de reconstituer comme il le souhaite cette histoire morbide. La première filature déconcerte tellement Scottie qu'il est possible d'imaginer à quel point ce trouble se transforme en excitation et éveille son *rosebud*. Scottie est d'ailleurs présenté comme un voyeur dès la première étape de l'itinéraire de Madeleine. Elle achète un bouquet de roses chez un fleuriste pour le déposer sur la tombe de Carlotta Valdes. L'allée qui mène à celle-ci est elle aussi parsemée de roses (ce qui n'est pas le cas dans tout le cimetière) comme pour refermer un piège sur Scottie. Les roses et la mort sont ici liées, elles agissent sur « l'œil de Scottie », elles l'excitent et le troublent.

Madeleine se rend ensuite au Museum of Fine Arts où elle contemple le tableau de Carlotta Valdes. Scottie le voyeur effectue alors le lien entre la femme et la morte à travers le bouquet mais aussi le chignon en forme de rose de la jeune femme. La nécrophilie de Scottie est encore suggérée après la tentative de noyade de Madeleine. Il la ramène chez lui et on comprend qu'il a dénudé ce corps temporairement inconscient pour faire sécher ses vêtements. Après la fausse mort de Madeleine et l'épisode épileptique décisif qui s'en est suivi, Scottie termine sa petite aventure de détective à l'hôpital avec pour compagnon de chambre un bouquet de roses rouges indiquant qu'il est bien en prise avec son *rosebud.*

Si la première partie de *Vertigo* dresse le portrait d'un nécrophile attiré par un corps mort-vivant, la seconde pourrait raconter la guérison partielle de cette pathologie. Cette hypothèse n'est généralement pas avancée, Hitchcock lui-même affirmait que la nécrophilie de Scottie se manifestait dans la scène du remodelage de Judy en Madeleine, et plus précisément lorsqu'elle coiffe ses cheveux en chignon[1]. Pour Hitchcock, c'est à ce moment que Scottie fait l'amour avec une morte. Il ne s'agit pourtant pas d'une scène d'amour réelle mais d'une projection imaginaire. On pourrait ainsi formuler que dans cette séquence, Scottie aime plus une femme vivante qu'une femme morte, en l'occurrence le fantôme de Carlotta Valdes.

Il semble que la nécrophilie de Scottie évolue vers une forme plus comique et moins morbide. Ce qui caractérisait son *rosebud*, à savoir tout ce qui touchait à la mort, laisse place à d'autres tonalités, d'autres manières d'être au monde. La couleur verte prédomine : la robe de Judy lors de leur « première » rencontre, la lumière de l'hôtel, de la chambre et de l'apparition de Judy en Madeleine remodelée. Lorsque Scottie veut acheter des fleurs, il ne prend plus des roses mais une variété de fleurs blanches qu'il accroche à la veste de la jeune femme. Les tableaux qui ornent sa chambre d'hôtel présentent aussi des fleurs blanches. La caméra insiste d'ailleurs sur leur présence au moment du baiser. On retrouve

[1] François Truffaut, *Hitchcock/Truffaut*, Paris, Gallimard, 1993, p.208.

également un tableau avec des fleurs blanches chez le coiffeur où Judy va faire sa teinture. Bien sûr, Scottie cherche à faire revivre une morte. Sauf que la morte en question l'est réellement à ses yeux. Il se situe dans la représentation et non plus dans la nécrophilie. Il jouit moins qu'il n'admire platoniquement. La puissance destructrice de son *rosebud* n'agit plus avec la même intensité. Est-ce pour cela qu'il parvient à ne plus avoir peur du vide ? Ou est-ce plutôt en découvrant qu'il a été la victime d'une machination ? L'un ne va pas sans l'autre, mais un simple déclic ne peut pas valoir comme un argument suffisant. Il s'est passé quelque chose au niveau de son *rosebud* qui pourrait le rendre apte à vivre aux côtés de la femme que son désir morbide l'empêchait jusqu'alors d'aimer : Midge Wood, la dessinatrice chez qui il est tout le temps fourré et dont le rôle est essentiel[1].

Les *rosebuds* de Kane et Scottie peuvent ainsi renvoyer à deux généalogies distinctes de la poétique du *rosebud* : le secret caché (*Citizen Kane*) et le secret obsessionnel (*Vertigo*). En tant qu'événements, ils continuent cependant de fonctionner de la même manière en plongeant les deux hommes dans les zones les plus sombres de leur être, l'interdit du « No trespassing » bravé (chez Hitchcock, cela s'exprime aussi sous la forme d'une concrétisation du fantasme et une trouée des apparences) donne ainsi accès à leur monde secret et fantasmatique. Le *rosebud* s'étend en réalité sur un spectre large mais identifiable esthétiquement, notamment par la présence de roses à l'écran. Si cette méthode de reconnaissance peut s'avérer extrêmement schématique et critiquable, force est de constater que les éléments s'imbriquent d'eux-mêmes. Les roses et boutons de rose en disent beaucoup sur ce qu'ils cachent sans que nous devions forcer l'interprétation. Laissons donc les roses raconter leurs histoires.

---

[1] Elle joue un rôle « d'horizon aveugle » pour Scottie. La scène où elle peint son visage à la place de celui de Carlotta dans le tableau est décisive.

Il faut insister sur une propriété fondamentale du *rosebud* : il se donne à voir sans ambiguïtés pour le spectateur. Il finit toujours par se rendre visible car il n'y a rien de plus visible qu'un *rosebud,* même lorsque le récit le dissimule et qu'il se cache derrière les apparences. C'est une trouée dans la composition graphique des plans et des choix esthétiques du cinéaste. Une évidence présentée devant les yeux du spectateur. Il ressemble beaucoup à la lettre volée d'Edgar Allan Poe qui est exposée aux yeux de tous : une « excessive évidence pendant sous le nez du monde entier »[1]. Le *rosebud* n'entretient aucune ambivalence avec sa vérité tranchante. À l'instar du cas de la lettre volée, il s'agit « d'une affaire simple et bizarre. Toute simple qu'elle est, elle nous déroute complètement »[2]. C'est un mystère clair. Beaucoup de films ont le goût du jeu et du perspectivisme, notamment pour nuancer et complexifier leur récit et les personnages, à l'image de *Citizen Kane* et de *Vertigo.* Les films qui sont hantés par un *rosebud* ramèneront toujours l'expérience perceptive du spectateur à une confrontation *claire* et *évidente* avec un événement aux effets puissants et variés observables sur le récit et les protagonistes. Ceux-ci le ressentent dans leur chair mais jamais l'un d'entre eux ne parlera de *rosebud*, à l'exception notoire de Charles Foster Kane, car ils sont dans un rapport immédiat et non-réflexif avec lui. La poétique du *rosebud* mène ainsi à une théorie à double hélice à la fois esthétique et spectatorielle. Elle s'élabore bien entendu au départ des films, d'un point de vue diégétique, mais c'est le spectateur qui en possède généralement les clés. Lui seul peut *voir* la puissance de ce *non-vu* et le nommer : la puissance du *rosebud.*

Il est possible de comprendre ce qu'est un *rosebud* en le rapprochant d'une autre célèbre nouvelle, *L'image dans le tapis* d'Henry James, mais à différentes conditions seulement et en effectuant quelques adaptations. Tout d'abord il ne faut

---

[1] Edgar Allan Poe, *Histoires extraordinaires*, Paris, Poche, 1972, p.59.
[2] *Ibid.*, p.43.

pas donner une place trop importante à l'auteur et recentrer l'analyse sur un niveau intradiégétique. Les *rosebuds* de Kane et Scottie ne sont pas forcément ceux de Welles et d'Hitchcock — on en reviendrait à Sainte-Beuve même si un lien existe. Il faut penser avec les films en tant que films et trouver à l'intérieur de ceux-ci leur image dans le tapis qui est « cette chose particulière, la chose qui pousse vraiment à travailler, la passion même de la passion, l'aspect de son activité dans lequel la flamme de l'art brûle le plus intensément »[1]. Dans la nouvelle de James, les échanges entre le narrateur et Hugh Vereker, l'écrivain dont il faut percer le secret, présentent cette image dans le tapis comme un secret, mais un secret évident. « La chose est aussi concrète que l'oiseau dans la cage, l'appât de l'hameçon, le bout de fromage dans la souricière. C'est ce qui régit chaque ligne, choisit chaque mot, met un point sur tous les i, distribue toutes les virgules »[2].

Vereker explique encore que ce secret, qui n'a pas encore été décelé, est comme l'organe même de la vie[3]. Un *rosebud* peut correspondre à cet organe. Bien souvent, il vient à remplir ce rôle une fois qu'il a pris possession de quelqu'un. Il reste alors au spectateur à résoudre ce mystère et à mettre des mots sur ce processus. Un *rosebud*, en tant que phénomène, peut ainsi être reconnu et compris au sein du récit et dans les relations entre les personnages. Même si le livre de James constitue une réflexion sur l'auteur, elle fonctionne tout aussi bien au niveau intradiégétique. Il faut en revanche apporter une modification importante : un *rosebud* n'est pas, comme l'image dans le tapis, « la plus jolie chose du monde et le plus grand bonheur d'une vie »[4], mais une obsession, une blessure, un secret destructeur ou encore une malédiction, soit sa forme

[1] Henry James, *La leçon du maître et autres nouvelles*, Les éditions de l'Équinoxe, 1984, p.264.
[2] *Ibid.*, p.267.
[3] *Ibid.*, p.268.
[4] *Ibid.*, p.268.

obscure. Or, cette dimension est bien présente dans la nouvelle de James et il ne faudrait pas se limiter à la seule problématique de l'auteur — que de surcroît nous relativisons. Le narrateur, son ami Corvick et sa compagne Gwendolen, deviennent obsédés par la résolution de l'énigme. Pris d'une fièvre interprétative, le narrateur passe par plusieurs états, de la déception à l'humiliation, de l'épuisement à la souffrance, jusqu'au malheur et à la folie[1]. Il se voit enfermé à jamais avec son obsession. Le *rosebud* agit sur ceux qu'il possède de la même manière que dans *L'image dans le tapis*. Il ne faudrait dès lors pas oublier qu'il y a dans la nouvelle d'Henry James une théorie de la réception, tant diégétique que spectatorielle, qui dépend de la distance à laquelle on se trouve face au phénomène. Diégétique parce que l'expérience finit par tourner au cauchemar pour les personnages. Spectatorielle parce que le lecteur peut identifier de la même façon la puissance d'une image dans le tapis que le spectateur peut, à l'écran, débusquer celle d'un *rosebud*. Henry James continue ainsi d'insister sur l'évidence perceptive de ce secret caché : « Une fois qu'il apparaissait, il apparaissait totalement, se manifestait avec une splendeur qui vous rendait confus ; (…) C'était immense mais c'était simple — c'était simple, mais c'était immense, et la connaissance finale du secret constituait une expérience tout à fait particulière »[2]. Immense et simple. Mystère clair. Telle est la manière dont se présente un *rosebud* pour le spectateur tandis qu'il obsède, détruit et ensorcelle les personnages.

---

[1] *Ibid.*, pp. 292-293.

[2] *Ibid.*, p.286.

§ 3 : Secrets et obsessions

L'influence de *Citizen Kane* et *Vertigo* s'est étendue sur plusieurs décennies. L'idée n'est pas d'analyser cet héritage mais de montrer comment les deux films ont transmis, consciemment ou non, leur poétique du *rosebud* et son *mode opératoire*. Il est moins question d'un style ou de références qui traversent les âges, mais d'un événement, un processus : une toile d'araignée tissée entre les branches d'un rosier qui se déploie sur des proies qu'elle met à l'épreuve.

Dans *Conversation secrète* (1974), le chef-d'œuvre de Francis Ford Coppola, Harry Caul (Gene Hackman) incarne un détective privé mystérieux et lunatique. Il vit seul mais fréquente une jeune femme avec laquelle il hésite à approfondir sa relation. Lorsque celle-ci, un soir, lui dit qu'il cache de nombreux secrets, Caul affirme le contraire et s'en va, gêné par cette intrusion dans son intimité. On apprend rapidement que Caul est en effet hanté par des secrets. Ils sont si intenses qu'ils l'ont transformé en homme méfiant et paranoïaque. Parmi ceux-ci, une enquête du passé qui a débouché sur le meurtre sordide d'une famille dont Caul se sent responsable. Un rêve étrange révèle également des faits marquants de son enfance qu'il semble conserver au plus profond de lui-même. La personnalité atypique de Caul est ainsi indissociable de ses secrets mais aussi de ses obsessions. Coppola ne dit pas tout sur le détective (c'est ce qui fait aussi la force de *Conversation secrète*) qui passe à la fois pour un homme replié sur lui-même et un maniaque pourtant capable de romantisme, comme lors de la petite fête donnée dans son grand hangar qui lui sert de bureau où il demande à une femme au double jeu comment reconquérir son amante. La personnalité de Caul forme un nœud complexe sujet à la fois au vertige (il donne l'impression de pouvoir s'écrouler à tout moment) et au regret (la vie qu'il mène est la conséquence d'un échec). Un *rosebud* à plusieurs faces le travaille ainsi intensément.

Il faut attendre la fin du film pour trouver une rose à l'écran dont l'expression ne laisse planer aucun doute. Caul, qui pense être pris à son propre jeu, retourne son appartement à la recherche d'un micro caché. Il va jusqu'à arracher la tapisserie et c'est là qu'apparaît un papier peint avec des roses. Ce n'est certainement pas anodin : cette rose est la signature d'un *rosebud* dissimulé derrière les apparences, ce qui caractérise précisément la personnalité de Caul. Et dans la chambre où se déroule le meurtre du directeur de l'entreprise qui mandate Caul, deux photographies de Fort Point se trouvent accrochées. Or, *Conversation secrète* est tourné à San Francisco mais il est presque impossible de le savoir pour quelqu'un qui ne connaît pas la ville car Coppola ne filme pas ses lieux emblématiques, à l'image du pont ou de ses rues pentues si caractéristiques. Peut-on y voir une référence à *Vertigo* ? *Conversation secrète* doit plus à Hitchcock (les références à *Psychose* sont nombreuses) qu'à *Blow-up* de Michelangelo Antonioni, le film auquel on le compare habituellement pour leur intrigue similaire. Le *rosebud* de Caul est une version plus secrète encore que celui de Scottie dont il partage le même caractère obsessionnel tout en tenant aussi de celui, teinté de regret et de zones d'ombre destructrices, de Kane. Dans un texte sur la trilogie du *Parrain*, Jean Douchet identifie bien la mécanique du secret qui peut s'appliquer à toute l'œuvre de Coppola : « Pratiquement tout le travail de Coppola porte sur la notion de secret, du secret très lourd à porter. (...) Les personnages sont pris dans un imaginaire où le secret est absolument capital : si on se confesse, on meurt. (...) *Conversation secrète* va très loin dans cette idée qui travaille la plupart de ses films : ce que l'on garde pour soi nous détruit autant que ça nous construit »[1]. Si le *rosebud* construit bien

[1] Jean Douchet, « La Toile des *Parrain* » in *Cahiers du cinéma*, n° 773, février 2021, p.23.

quelque chose — puisqu'il y a événement et formation de sujets —, c'est toujours en dialectique avec ce qui détruit : une construction monstrueuse sur un terreau d'argile.

Days of wine and roses, le déchirant chef-d'œuvre noir de Blake Edwards tourné en 1962, se déroule lui aussi à San Francisco dans l'ombre de *Vertigo.* Le film, dans son long prologue, avant de devenir ce terrible drame autour de l'alcoolisme, se moque malicieusement de sa référence hitchcockienne lorsque Joe Clay (Jack Lemmon), pour les besoins d'une soirée huppée sur le yacht d'un prince fortuné, joue au « proxénète » en réunissant plusieurs femmes blondes qui ressemblent toutes à la Madeleine d'Hitchcock ! C'est à cette soirée que Joe rencontre sa future femme, Kirsten (Lee Remick), avec qui il entamera sa descente aux enfers. *Days of wine and roses* s'ouvre sur une rose flottant dans la baie de San Francisco, exactement comme dans la scène de Fort Point de *Vertigo*. Et comme dans le générique de Saul Bass, cette rose finit étrangement par remonter petit à petit à la surface. Que peut bien signifier cette image ? Un des visuels promotionnels du film montre la fleur avec pour vase une bouteille d'alcool. La rose représente ici moins la flamme de l'amour, romantique et éternel, que le temps éphémère d'un bonheur devenu inaccessible. La chanson principale du film qui porte le même nom, dont la musique fut composée par Henry Mancini et les paroles écrites par Johnny Mercer, évoque cette fragilité : « Ils ne sont pas longs, les jours du vin et des roses ; D'un rêve confus ; Notre chemin se dégage un moment, puis se referme ; À l'intérieur d'un rêve ».

L'histoire de Joe et Kirsten fut au début ce genre de rêve avant que l'alcool ne vienne détruire leur vie. Un soir de débauche dans la maison du père de Kirsten, où le couple s'autorise une soûlographie malheureuse, Joe recherche une bouteille qu'il a cachée dans un pot de fleurs. Il retourne la serre du vieil homme avec rage jusqu'à mordre la poussière, étendu de tout son corps dans la boue. La bouteille, qu'il boit seul, était cachée sous une fleur rouge, vraisemblablement une rose. Si le *rosebud* s'apparente ici à une maladie, il n'en demeure pas moins obsessionnel et destructeur, signe de sa puissance et de son large éventail d'effets. Comme tout *rosebud*, il est le fruit d'une mauvaise rencontre, qui restera nébuleuse, car rien n'explique la descente aux enfers de Joe et Kirsten, qui avaient tout pour être heureux. Pourquoi sombrent-ils dans l'alcool ? Comment un plaisir — l'ivresse et la joie d'être porté par la boisson, comme dans beaucoup de films de Blake Edwards — se transforme-t-il en débauche ? Le *rosebud* serait le nom de ce gouffre, ce trou béant capable de s'ouvrir en chaque homme, aussi incompréhensible et destructeur qu'il soit. *Days of wine and roses* répond de manière très pragmatique à *Vertigo*. À la rêverie de Scottie, même macabre, il finit par opposer la défaite d'un homme tout aussi idéaliste — le fantasme d'une blonde platine — qui voit l'être aimé se détruire dans la tristesse insondable de l'alcool.

The People VS. Larry Flynt de Milos Forman, sorti en 1996, a tout du biopic classique à l'américaine. Le film laisse pourtant entrevoir progressivement un *rosebud* aux allures kaniennes. Le film s'intéresse à la grandiloquence d'un personnage imprévisible, Larry Flynt, un *self-made-man* qui a fait fortune dans le porno. Cette démesure le rapproche inévitablement de Kane. Dans un premier temps, on cherche en vain les traces d'un même *rosebud*. Quand sa femme Althea pose pour un photographe avec des bouquets autour d'elle, Flynt intervient et dit que les fleurs ne sont pas son truc (il faut faire du porno plus trash pour choquer). À deux reprises, Flynt est associé à un papillon. Une première fois par le t-shirt qu'il porte et une seconde fois dans la salle de réunion du *Hustler magazine* où il trône en dessous d'un grand poster d'une paire de fesses sur laquelle s'est posé l'insecte. Flynt est ainsi l'être papillonnant par excellence dont la vie entière est dédiée au volage babil et éphémère, sans états d'âme ni troubles intérieurs. Comme dans *Citizen Kane*, *The People VS.*

Larry Flynt s'ouvre avec une référence à l'enfance. Flynt et son frère fabriquent de l'alcool de contrebande qu'ils vendent à leurs voisins. Cette scène, qui n'a pas la texture d'un secret ou d'une blessure, n'aura aucune influence sur la suite du film, un peu comme si Forman voulait empêcher toute explication surplombante au départ de l'enfance à la personnalité fantasque de son personnage. Flynt possède pourtant bien un *rosebud*. Durant un des nombreux procès parsemant le film, Flynt avoue avoir un regret. Un seul et unique regret. Forman coupe le plan à cet instant sans que ne soit formulée exactement la nature de ce regret. Tout porte à croire qu'il est lié au décès d'Althea puisque la séquence suivante montre Flynt, au lit (tout comme Kane), en train de visionner sur trois écrans simultanés des vidéos où il danse avec sa femme. Lorsque celle-ci s'approche de Flynt, elle tient une rose rouge en main. Son *rosebud* n'est donc pas à chercher du côté de l'enfance sacrifiée mais dans les souvenirs heureux passés auprès de l'être aimé. C'est un *rosebud* malgré tout wellesien : une blessure bien réelle autant qu'un secret qu'il emportera dans sa tombe. Il est possible d'imaginer que Flynt, qui n'est pas le genre à faire tomber le masque, sera hanté jusqu'à la fin de ses jours par son *rosebud*. De papillon insouciant, il découvre sa fragilité telle une fleur qui fane.

Dans *In the Mood for Love*, le film-secret par excellence, la rose apparaît dès la première séquence sur la robe que porte Mme Chan (Maggie Cheung). Comme dans *Citizen Kane*, elle vient signifier d'entrée l'objet du secret qui va se tisser : la relation d'amour impossible et douloureuse entre Mme Chan et M. Chow (Tony Leung), son voisin de palier dans une modeste pension hongkongaise. Le film, connu pour ce qu'on appelle à tort son « maniérisme », se détache assez rapidement du réalisme pour revêtir les apparences d'un rêve qui revisite les souvenirs de cette relation perdue. Le style si particulier de *In the Mood for Love* sert ainsi d'abord cette porosité en entremêlant les visions subjectives de ses deux personnages.

Après leur rupture, le film fait plusieurs bonds dans le temps pour se terminer dans les montagnes du Cambodge où, comme le veut une légende locale, M. Chow souffle son secret dans le creux d'un arbre pour lui assurer une certaine forme d'éternité. Mais rien ne dit que cet acte le libère du poids qu'il porte. M. Chow sera amoureux de Mme Chan pour le restant de ses jours, et inversement. Leur secret est une blessure et dans leurs souvenirs communs, la robe à roses restera une image à la fois fondatrice et destructrice. Mme Chan la porte à plusieurs reprises et en possède même une autre, de couleur rouge, qui donne l'impression que les fleurs lui collent à la peau, un peu comme si elle traînait une malédiction (ce qui est un autre signe qu'il y a bien là un *rosebud*). Alors bien sûr les robes de Mme Chan remplissent aussi une fonction émancipatrice, puisqu'elle n'est « que secrétaire » et beaucoup de personnages du film s'étonnent de la voir si bien habillée pour une femme de sa classe sociale, et cela même si elle est mariée à un homme riche. L'important réside dans le fait que la rose soit associée, au cœur d'un film-rêve, moins à l'amour qu'à des souvenirs douloureux qui ont ouvert une grande blessure affective. On voit avec cet exemple quel problème méthodologique peut nous guetter, à savoir celui d'une lecture trop littérale des symboles comme les vêtements ou l'utilisation des couleurs. Les roses d'*In the Mood for Love* sont d'abord liées à un processus, qui est celui de la construction d'un film-rêve, et c'est de cette manière seulement qu'un *rosebud* finit par affleurer à la surface du récit et des images.

Un contre-exemple comme *Une liaison pornographique* (1999) de Frédéric Fonteyne permet de bien comprendre ce que n'est pas un *rosebud*. Une femme (Nathalie Baye) et un homme (Sergi López) se rencontrent via des petites annonces pour concrétiser un fantasme sexuel qui ne sera jamais révélé au spectateur. Ce fantasme sera ainsi leur secret. À chaque fois qu'ils se rencontrent, le rituel est le même : ils se retrouvent dans un bar, puis se rendent dans le même hôtel pour monter dans une chambre où le spectateur sera toujours laissé à son seuil. Au fur et à mesure du temps, des sentiments commencent à naître entre eux et un jour, elle lui demande de faire l'amour normalement. Lorsqu'ils arrivent devant la chambre, le spectateur est cette fois-ci invité à entrer et à assister à leur scène d'amour. C'est alors que la liaison pornographique se transforme, provisoirement, en amour. Elle finit ainsi par lui déclarer sa flamme, lors d'un rendez-vous comme un autre, le faisant même pleurer. Mais ils finissent par se rendre compte que leur histoire ne marchera pas. Dans leur ultime rendez-vous au café, ils se l'avouent et vont ensuite à l'hôtel non pas pour faire l'amour, mais pour assouvir une dernière fois le fantasme qui les a liés. Ils se quittent ensuite sans regrets et le film montre bien, à plusieurs reprises lorsque les personnages sont interviewés *a posteriori*, que ce secret fut une source de stimulation et d'épanouissement pour elle autant que pour lui. Si de l'amour a pu naître par moments, c'est la relation pornographique qui a fini par prendre le dessus, une relation finalement dénuée de véritables affects et surtout hermétique à la création d'un *rosebud* qui lui aurait donné un goût amer et douloureux. Par ailleurs, lorsque le spectateur découvre la fameuse chambre secrète dans laquelle les amants se retrouvent, on peut constater que la tapisserie plutôt moche est bleue et recouverte certes de diverses fleurs, mais aucune rose n'y figure. Ce qui, dans une poétique du *rosebud*, semble tout à fait logique.

Le générique d'ouverture du *Temps de l'innocence* de Martin Scorsese (1993) montre une variété de boutons de rose qui éclot et dont la couleur s'étend à toute l'image. Cette « infusion », qui utilise la même technique graphique que celle de *Vertigo*, est la marque du processus obsessionnel du personnage principal, Newland Archer (Daniel Day-Lewis), qui tombe fou amoureux d'une comtesse iconoclaste, Ellen Olenska (Michelle Pfeiffer), qu'il ne parviendra jamais à conquérir. Martin Scorsese signe un film de botaniste et un chef-d'œuvre d'une grande maîtrise. Il est en effet possible de s'étendre longuement sur le nombre, l'importance et le rôle que jouent les fleurs et leur représentation dans *Le Temps de l'innocence*. Dans certaines scènes, presque tous les plans comptent un bouquet, une plante ou des représentations de fleurs (sur des tableaux ou du mobilier). Et il ne s'agit évidemment pas d'un moyen de remplir le décor ou de faire joli. Au milieu du grand jardin verdoyant de Scorsese, les roses vont être associées au personnage d'Ellen tandis que le muguet représentera May Welland (Winona Ryder), la promise de Newland. Deux variétés de fleurs pour deux rapports différents, l'amour passionnel d'un côté et le mariage conventionnel de l'autre. La rose incarne ainsi le *rosebud* de Newland : sa passion obsessionnelle et dévastatrice pour Ellen qui s'étendra sur plusieurs décennies sans jamais s'effeuiller. De nombreux plans où elle apparaît sont composés de roses, que ce soit dans son appartement ou dans des réceptions mondaines. Pour lui témoigner son amour, Newland lui livre régulièrement des bouquets de roses jaunes. Dans une scène où il lui rend visite lors d'un de ses passages furtifs en ville, il découvre qu'un concurrent lui a envoyé des roses rouges. Un travelling souligne l'importance de ce bouquet dont Ellen va se débarrasser. La rose jaune scelle ainsi le lien invisible entre les deux personnages autant que la passion secrète mais souvent contrariée qui les anime. Cette rose scelle aussi le tombeau de Newland en amoureux éperdu, son *rosebud* destructeur. Scorsese dissimule encore des roses à d'autres endroits comme pour rappeler à Newland son amour incurable et le vertige intérieur qu'il produit.

Autre récit morbide teinté de roses au rouge saignant, *American Beauty* de Sam Mendes (1999), dont on retrouve le motif de la rose dans le poster et les photos promotionnelles les plus connues du film, raconte l'histoire d'un homme qui revient à la vie (du moins sous la forme d'une libération) avant de mourir. Tout commence un matin dans le lit de Lester

Burnham (Kevin Spacey) qui annonce en voix off qu'il lui reste un an à vivre. Cette mort présentée en début de film, comme celle de Kane, va conditionner l'ensemble du récit en traçant une trajectoire à la fois obsessionnelle et destructrice, un peu comme si Lester signait son arrêt de mort au moment où il décide de transformer son quotidien monotone et sans passions. Quelque chose se trame chez ce quadragénaire que Sam Mendes filme en plein bouillonnement. Le petit jardin devant sa maison de banlieue si typique est entouré d'une haie de roses rouges qui annonce la présence d'un *rosebud*. Le déclic se produit lorsque Lester rencontre Angela (Mena Suvari), la séduisante copine de sa fille Jane. Couché dans son lit (encore), en pleine rêverie, il dit ressentir l'étrange sentiment d'avoir été inconscient pendant vingt ans et de soudainement se réveiller. Des pétales de roses tombent alors du plafond et, en contre-champ, Lester contemple émerveillé Angela étendue sur un tapis de roses. Celle-ci n'a pourtant que seize ans.

Le *rosebud* de Lester, s'il n'est pas secret puisqu'il ne s'en cache pas (notamment en draguant la jeune adolescente), relève d'une obsession plutôt morbide. Il pourrait désirer d'autres femmes de sa tranche d'âge mais c'est sur elle que porte son attention. Plus Lester s'émancipe de sa condition (sa vie s'organise autour des joies procurées par sa liberté reconquise), plus son désir pour Angela prend une forme maladive. Il continue de rêvasser et imagine la jeune femme dans une baignoire remplie de pétales de roses. Et lorsqu'il a l'opportunité de coucher avec elle, un bouquet de roses bien visible dans le champ accompagne la séquence, en sur-signifiant presque son sens. Le *rosebud* de Lester ressemble à celui de Scottie dans *Vertigo* mais il fonctionne de manière différente. C'est ici un mort qui revient à la vie avec un appétit vorace. Il désire l'impossible — le cliché de la jeune bimbo blonde — non plus en étant aspiré dans le vide mais en se brûlant les ailes. Une pulsion de mort aux trajectoires opposées anime les deux hommes : la nécrophilie de Scottie, la jouissance sans interdit de Lester. Cette jouissance a pour dernier mot la mort elle-même, et plus précisément la mort dans l'extase devant la beauté du monde, celle dont parle Ricky (Wes Bentley) dans la célèbre scène du sac en plastique. Pour Lester, Angela incarne cette beauté qui constitue en même temps un point de non-retour, une jouissance extrême et macabre qui ne peut qu'être obsessionnelle à la manière d'un *rosebud.*

Lors de la première de *Nouveaux mondes : le berceau de la civilisation* d'Andrew Muscato au Festival de Cannes en 2021, Bill Murray est monté sur la scène du théâtre Debussy pour y donner un concert en lien avec le film. Dans une vidéo étonnante, on le voit chanter le tube de Christophe, *Aline*, et jeter des roses dans le public[1]. Ce geste rappelle que l'acteur entretient un lien particulier avec notre fleur. C'est bien sûr le cas dans *Broken Flowers* (2005) de Jim Jarmusch, où il est associé, dans les premières scènes du film, à un bouquet de roses fané, puis il en apporte chaque fois un lorsqu'il part à la rencontre des femmes de sa vie pour connaître l'identité de son fils. La rose est ici moins le symbole de l'amour que d'une forme de profonde mélancolie puisque ce Don Juan ne va nullement séduire ses anciennes conquêtes mais se préparer à faire entrer dans sa vie un fils dont il ignore tout. À la fin du film, Murray se trompe de garçon et Jim Jarmusch nous révèle, dans un plan furtif, le vrai fils, qui est incarné par le véritable fils de l'acteur, Homer Murray. Ce choix pose de nombreuses questions. *Broken Flowers* parlerait-il secrètement de la difficulté pour Bill Murray d'être père ? Oserait-il présenter un « fils décevant », qui ne correspond pas aux attentes d'un père ? Il y a clairement ici les traces d'un *rosebud.* Dans *On the Rocks* (2020) de Sofia Coppola, Murray

---

[1]Benjamin Puech, « Dernier embarquement pour Cannes : l'improbable Bill Murray en concert et délibérations en huis clos », *Le Figaro* [En ligne], le 17 juillet 2021.

joue une nouvelle fois un père distant qui en va jusqu'à livrer des roses à sa fille. Geste étonnant, mais pas tant que ça si on le considère comme l'expression de la difficulté d'être père. De manière générale, Bill Murray est connu pour son caractère instable, ses frasques et sa liberté. On ne compte plus ses incursions surprises dans les mariages d'inconnus ou dans les fêtes les plus improbables. Il y a quelque chose chez lui qui rappelle Charles Foster Kane, une même instabilité gargantuesque liée probablement à différents *rosebuds*. On sait qu'il a perdu très tôt son père et son ami proche John Belushi. Que la rose soit sa fleur peut alors être compris comme l'expression de blessures qu'il gère tant bien que mal à travers sa sensibilité exacerbée.

Dans *Toto le héros* (1990), Jaco Van Dormael retrace la vie de Thomas Van Hasebroeck à travers différents âges, de son enfance étrange où il prétend avoir été échangé à la maternité avec Alfred, son voisin d'en face (contre lequel il gardera une animosité jusqu'à la fin de ses jours), à sa retraite passée en maison de repos où il déroule le fil de son existence. Comme Kane, c'est de son lit de mort que Toto, incarné par Michel Bouquet, raconte toutes les grandes étapes de son existence, à un détail près : il est impossible de distinguer ce qui relève du vrai ou du faux dans le récit à la fois fantasmatique et revanchard du vieil homme qui ne pense qu'à se venger d'Alfred. La raison principale de cette haine, plus encore que la rivalité, vient du fait qu'enfant, Alfred a séduit Alice, la sœur de Thomas, une sœur pour laquelle il éprouvait des sentiments presque incestueux. Soit un secret déjà lourd, très lourd. Un soir, Alice se suicide en mettant le feu à la maison des voisins, entraînant le chagrin inguérissable de Toto. Comme le récit confond la réalité avec l'imaginaire, les séquences sont vues à travers le regard de Thomas. Dans une scène donc probablement fantasmée, Toto surprend Alfred en train d'offrir une rose blanche à Alice. Or, cet échange n'a peut-être jamais existé et cristalliserait au contraire, sous l'apparence d'un symbole métadiégétique, le terrible secret de Thomas : son désir incestueux, doublé de la perte d'un être cher qui créera un vide abyssal dans sa vie. C'est justement la force de l'imagination qui donne à cette rose son statut de *rosebud* en créant un lien presque direct avec *Citizen Kane*, puisqu'il s'agit d'un secret-clé qui détermine toute une existence, Toto ayant pourchassé Alfred jusqu'à sa mort. Ironie du sort, le film est surtout connu pour ses tulipes orangées qui vibrent au son de Charles Trenet et non pour sa rose.

Dans *Rumba* (2008), un autre film belge signé Dominique Abel, Fiona Gordon et Bruno Romy, le personnage incarné par le premier est victime d'un vol et le coupable jette ses vêtements du haut des falaises d'Étretat en Normandie. Après avoir rejoint les lieux, Fiona voit les vêtements flottés dans la mer et en conclut à la mort de Dominique. Dans la séquence suivante, qui se situe un an plus tard, elle revient sur la falaise une rose rouge à la main pour un rituel qui semble routinier. Or, cette fois-ci, lorsqu'elle veut lancer la fleur, celle-ci lui revient en pleine face, repoussée par le vent ou par une force étrange du « destin ». Elle descend alors sur la plage pour la jeter directement dans l'eau. Lorsque la rose flotte à la surface, une séquence onirique vient se superposer à la réalité : Dominique et Fiona dansent la rumba comme au début du film, avant qu'ils ne perdent tout et qu'elle soit amputée d'une jambe. La rose rouge, telle une épiphanie, délivre ainsi ce qui est devenu le *rosebud* du film : un temps à jamais révolu, un bonheur désormais transformé en mélancolie. Dans cette optique, le fait que Fiona n'ait pas réussi à jeter la fleur du haut de la falaise prend tout son sens. Ce n'est pas une rose rouge qu'elle abandonne de manière tout à fait banale en souvenir d'un homme aimé — la rose est dans ce cas le symbole par excellence de l'amour —, mais l'apparition d'une répétition qui devait se présenter sous cette forme pour marquer le basculement qu'elle contient, à savoir le souvenir insistant et dévorant d’un monde perdu. Ce n’est donc pas exactement la même chose, et c’est pourquoi il y a dans *Rumba* un étonnant *rosebud* qui prend la forme, comme dans d’autres cas, d’une projection.

La preuve que les *rosebuds* se trouvent partout, dans tous les genres, même le blockbuster, peut être observée avec l'exemple d'*Esther* (Jaume Collet-Serra, 2009). Après avoir perdu l'enfant qu'elle portait, Kate, qui ne parvient pas à faire son deuil, décide avec son mari John d'adopter une fillette de neuf ans, Esther. Le couple va vite découvrir que la jeune fille cache un lourd secret : en plus d'un passé sanguinaire, elle souffre d'une forme de nanisme qui fait qu'elle a en réalité trente-trois ans. Un épais mystère pèse autour de la jeune femme, à l'image de l'étrange livre dont elle ne se sépare jamais, mais c'est du côté des parents qu'un *rosebud* se manifeste littéralement à l'écran. Kate (Vera Farmiga) a en effet construit un petit mausolée à la mémoire de sa fille dans la serre adjacente à leur maison où elle fait pousser des plantes. Cet endroit ressemble d'ailleurs à celui de *Days of Wine and Roses*. Kate y a aménagé un petit coin garni de roses blanches qu'Esther va symboliquement détruire, ce qui va entraîner le chaos : c'est ce qui arrive quand on touche à un *rosebud,* les plaies se mettent à saigner à nouveau et les secrets brûlent à vif.

§ 4 : *Rosebuds* sans roses

Il existe de nombreux films qui revendiquent l'influence de *Citizen Kane* et de son *rosebud* sans recourir au motif de la rose. C'est évidemment la preuve que le champ de signification est plus large et mérite une longue étude détaillée que nous faisons ici qu'amorcer. Un premier exemple de référence littérale et directe, sans roses, se trouve dans *Ready Player One* (2018) de Steven Spielberg. Les joueurs d'un grand jeu virtuel, l'Oasis, créé par James Halliday et Ogden Morrow, doivent trouver l'*easter egg,* un œuf en or qui permettra au gagnant de devenir le nouveau propriétaire du jeu et d'hériter de 500 millions de dollars. Pour cela, il faut d'abord trouver trois clés cachées dans l'immensité du jeu et en lien avec la personnalité et la vie de Halliday. On voit bien ici comment la structure de *Citizen Kane* est redéployée, l'enquête du journaliste n'étant pas très différente de celle que doivent mener les joueurs. Cette recherche est à la fois verticale et horizontale, elle traverse de nombreux espaces différents, jusqu'à revenir, le temps d'une très belle séquence, dans la salle du bal de l'hôtel Overlook de *Shining*. Lorsque Wade découvre l'*easter egg* et s'apprête à signer les papiers pour devenir propriétaire de l'Oasis, il ne commet pas la même erreur que Halliday, celle qui précisément lui a coûté l'amitié de Morrow. L'œuf révèle ainsi sa véritable nature : il ne s'agit pas d'un œuf en or doté d'une quelconque valeur mais le symbole d'une amitié perdue, le grand drame de la vie de Halliday. Ogden Morrow (Simon Pegg) révèle alors à Wade que la quête de l'*easter egg* cachait en réalité un *rosebud*, faisant une référence directe au film d'Orson Welles, rappelant au passage l'origine et la puissance affective du phénomène.

Il n'y a pas à proprement parler de poétique de la rose dans le cinéma de Christopher Nolan. Néanmoins, beaucoup de commentateurs ont pointé l'influence d'Orson Welles et en particulier celle de *Citizen Kane* sur la plupart de ses films à l'exception des deux derniers en date, qui sont aussi les moins intéressants, les mastodontes *Dunkerque* et *Tenet*. « Dès *The Following*, un dispositif de projection et de mise en abîme transperce la nature du récit pour métaphoriser le pouvoir du cinéma conçu comme un univers clos et centripète dans lequel se trouve cachée la vérité de ses personnages, exactement comme la boule à neige de Charles Forster Kane, elle-même enfermée dans le château, métaphorisant les strates de l'inconscient de son propriétaire »[1]. Nolan multiplie en effet les techniques wellesiennes, de la structure en flashback au leurre, afin de mettre en relief la dimension tragique de personnages hantés par leurs secrets. « Ce mouvement de yo-yo de la chute à l'élévation est avant tout conditionné par une perte tragique qui structure ce que les personnages deviennent ou sont devenus. Tel Bruce Wayne, Leonard Shelby (*Memento*), Will Dormer (*Insomnia*), Cobb (*Inception*), sont obsédés par un drame originel dont les images les hantent et dont ils portent la culpabilité »[2]. Ainsi, « les héros d'*Insomnia*, du *Prestige*, d'*Inception*, d'*Interstellar*, vivent traversés ou habités par des images, évoluant dans une temporalité pas toujours claire entre passé, présent, rêves, projections cauchemardesques, et réalité »[3]. Le Batman de Nolan en est une autre illustration, lui qui est « marqué par une sorte de retour du refoulé, une expression au présent d'une peur intime et d'événements passés mal digérés et enfouis dans le subconscient de Bruce Wayne »[4]. Il s'agit peut-être du personnage le plus proche de

---

[1] Yann Calvet, « Le fil d'Ariane » in *Eclipses* n° 59 : Christopher Nolan - Dédales, 2016 #2, p.5.

[2] Hélène Valmary, « Batman, personnage structurant » in *Eclipses* n° 59, *op.cit.,* p.82.

[3] *Ibidem.*

[4] Michaël Delavaud, « La quête apocalyptique du Bien » in *Eclipses* n° 59, *op.cit.*, p.91.

Citizen Kane comme le fait bien remarquer Yann Calvet : « Le milliardaire Bruce Wayne, insaisissable dans sa personnalité parce que traumatisé par la mort de ses parents et qui cache ses secrets dans les sous-sols de son manoir, a évidemment beaucoup à voir avec la figure de Charles Forster Kane »[1].

Si aucune rose ne vient souligner la puissance événementielle des secrets et des obsessions, Christopher Nolan joue, comme on le sait très bien, avec la perception du spectateur. Ce jeu devient intéressant lorsqu'il ne perd plus le spectateur dans des labyrinthes et différents niveaux de réalité, mais au contraire lorsqu'il présente les choses frontalement sans se soucier de révéler des moments-clés du récit. *Le Prestige* en représente la forme la plus aboutie grâce à un double processus : non seulement les secrets sont visibles à plusieurs moments sans que le récit ne perde ses mystères (beaucoup de détails sont révélés en cours de route mais le spectateur n'en comprendra les rouages qu'au moment du *twist* final), mais un *rosebud* autour de la fraternité se révèle être le secret principal du film. Il est vraiment étonnant de voir autant d'informations déterminantes introduites dès le prologue, comme le tas de chapeaux rejeté par la machine. On pense également à cette séquence où le déguisement du jumeau, dont sa fausse moustache, est dispersé dans l'atelier d'Alfred Borden (Christian Bale). On retrouve la même théorie de la vision que dans *La lettre volée* d'Edgar Allan Poe, surtout que le film s'ouvre par une adresse de Cutter (Michael Caine) au spectateur : « *Vous regardez bien ?* » Nolan ne va rien cacher au spectateur. Il va tout lui montrer et cela très tôt dans le film, balisant ainsi la révélation du secret. « Nolan applique ce que dit Cutter dans les propos qui concluent *Le Prestige* : *À présent, vous cherchez le secret. Mais en vain, car, bien sûr, vous ne regardez pas si bien. Vous rechignez à savoir. Vous voulez être bernés.* Le spectateur avait pourtant été prévenu puisque la première phrase entendue

[1] Yann Calvet, *ibid.*

dans le film demandait : « *Vous regardez bien* »[1]. On peut bien sûr se demander pourquoi Nolan s'entête toujours à berner le spectateur alors que celui-ci a la possibilité de s'approprier le film qu'on lui présente juste sous son nez, à la manière d'un *rosebud* déployant ses secrets. C'est là tout le paradoxe du cinéma de Christopher Nolan.

Il n'en va pas autrement dans *Inception* (2010), son film le plus labyrinthique, qui déplie un *rosebud* évident et qui est en même temps le seul à proposer une forme dérivée de rose à travers un énigmatique petit moulin à vent. Depuis sa sortie en 2010, de nombreuses explications et théories ont circulé, donnant lieu à une véritable fièvre interprétative. Huit ans plus tard, Michael Caine confirmait la plus célèbre des hypothèses : la fin du film, où la toupie de Cobb (Leonardo DiCaprio) oscille légèrement sans réellement s'arrêter, se déroulerait bien dans le monde réel et non dans un rêve. Caine affirme en effet que Christopher Nolan lui aurait expliqué que la présence de son personnage (le père de Cobb) garantissait que l'action était bien réelle[2]. Et comme il apparaît à la fin, tout porte à croire que Cobb s'est affranchi de son addiction aux rêves. Si le mystère principal semble bien résolu, *Inception* n'en perd pas pour autant son épaisseur puisqu'il est toujours possible de s'aventurer sur le terrain des rêves : un terrain d'addiction donc, mais aussi de secrets qui finissent par envahir et déborder les plans construits par les extracteurs. La machine narrative a beau être épuisée à coups d'analyses labellisées 100 % spoilers, certains détails continuent d'échapper au rouleau compresseur de l'interprétation. Un d'entre eux est justement un *rosebud* sous

---

[1] Boris Henry, « Le maître des illusions » in *Eclipses* n° 59, *op.cit.*, pp.15-16.

[2] Jacob Stolworthy, « Inception: Michael Caine reveals truth about final scene of Christopher Nolan film » in *The Independent*, 11 août 2018.

la forme d'un secret. Il opère comme une véritable réminiscence de *Citizen Kane* en jouant le même rôle dans *Inception* que dans le film d'Orson Welles. Il ne faudrait pas voir dans cette référence un hommage ou un clin d'œil mais, bien au contraire, un moyen par lequel Christopher Nolan intègre des éléments indéterminés que les analyses herméneutiques ne pourront pas épuiser puisque le *rosebud* se présente à la *surface* des images et *par-dessus* les entrailles du récit. Cette poétique du *rosebud* se retrouve donc quand même un peu partout dans les films de Nolan, les tatouages de *Memento*, le double secret dans *Le Prestige* ou l'enfance volée de son Batman « dont le *rosebud* n'est pas un traîneau, mais un collier de perles, celui que sa mère perd tout en perdant la vie »[1]. Avec *Inception*, Nolan semble dédoubler son récit afin d'offrir au moins deux pistes à suivre. Il y a d'une part les dédales du rêve, correspondant aux différentes incursions que font les personnages dans la tête de leurs cibles pour y implémenter des idées. C'est la piste la plus sinueuse et complexe qu'offre le film puisqu'elle se construit sur plusieurs niveaux narratifs, les personnages pouvant s'introduire dans des rêves au milieu d'un autre rêve et ainsi de suite, jusqu'aux limbes d'où il est possible de ne jamais revenir. Et d'autre part, Christopher Nolan semble inviter le spectateur à regarder autrement et beaucoup plus simplement. La toupie serait un moyen par lequel Nolan capte notre attention sur ce qui est là, devant nos yeux, comme dans *Le Prestige* et *La lettre volée* d'Edgar Allan Poe : rien ne sert de multiplier les interprétations et les explications, ce qu'il y a de plus important dans *Inception* se trouve devant nos yeux. Cette toupie tourne, elle hypnotise, mais pour montrer quoi ?

Une hypothèse célèbre postule que la toupie est le totem de Mallorie (Marion Cotillard), la femme de Cobb, et non celui

---

[1] Dick Tomasovic, *Batman, une légende urbaine*, Les impressions nouvelles (coll. La Fabrique des héros), 2019, p.46.

de ce dernier dont ce serait la bague (qui apparaît dans les rêves mais pas dans la réalité). Mais regarder cette toupie tourner peut aussi pousser simplement à concevoir que Mallorie est le *rosebud* de Cobb. Elle hante le film d'une manière si évidente qu'il n'y aurait presque rien à en dire. Elle se trouve à la source de l'addiction de Cobb pour les rêves. Elle y est en effet toujours vivante, ce qui permet à Cobb de continuer à vivre auprès d'elle et d'affirmer que les rêves sont plus vrais que la réalité. Cobb s'est laissé emporter par son *rosebud.* Il a contaminé sa vie et ses rêves ainsi que ceux qu'il investit avec ses camarades extracteurs. En un sens, on pourrait dire que contrairement à Charles Foster Kane, ce n'est pas sur son lit de mort qu'il va se rappeler son *rosebud* et l'emporter dans sa tombe (seul le spectateur connaîtra l'existence du célèbre traîneau). Il va au contraire lutter pour que son existence ne perde pas son innocence, l'innocence rendue amère par le *rosebud*, celle dont *Inception* nous parle avec une certaine amertume.

Un autre *rosebud* pointe le bout de son nez. Il concerne cette fois-ci le personnage de Robert Michael Fischer Jr. (Cillian Murphy), l'héritier d'un empire énergétique qui est la cible du groupe d'extracteurs. Ceux-ci ont en effet pour objectif d'implémenter dans son esprit l'idée qu'il doit démanteler la société de son père et non en prendre la succession. Après avoir élaboré leur plan (le personnage de Tom Hardy se fera passer pour le conseiller de l'entreprise), les extracteurs descendent successivement dans plusieurs rêves jusqu'à atteindre celui de Fischer. Ce dernier, avec l'idée implémentée dans son esprit, se retrouve dans la pièce où son père agonise. Il ouvre la petite armoire à côté de son lit et découvre l'enveloppe contenant les papiers liés à l'héritage ainsi qu'un objet inattendu : un moulin à vent. La référence à *Citizen Kane* paraît ici plutôt claire et en même temps déconcertante. Comment comprendre la présence de cet objet qui n'a probablement pas été fabriqué au préalable par les extracteurs ? Il pourrait symboliser une rose des vents et donc renvoyer à l'idée d'une orientation dans le labyrinthe du film. Ou être le *rosebud* du père qui comme Kane se rappelle de son enfance sur son lit de mort ? Or, on sait que le père a confessé à son fils être déçu de lui. Ce moulin à vent viendrait-il alors contredire ses mots en appelant une lointaine existence heureuse et un amour qui n'a pas su être exprimé ? Probablement pas car si Fischer Jr. avait vu dans cet objet un aveu, il n'aurait pas démantelé l'entreprise familiale et l'implémentation des extracteurs aurait échouée. Ce moulin à vent pourrait ainsi être un élément indéterminé et un signe qui échappe à la fois au programme des extracteurs et au récit. Et quand bien même on peut trouver une explication – la relation entre le père et le fils serait de l'ordre du rêve, la déception n'ayant jamais existé dans la réalité mais serait un moyen d'implémenter l'idée du démantèlement –, l'apparition du moulin à vent dans le récit ne perdra pas de son indécidable puissance.

Inception prolonge autrement *Citizen Kane*. Le regret de l'innocence perdue laisse place à une volonté de ne pas abandonner son *rosebud*. *Inception* est un film sur la seconde chance, sur le sauvetage du secret, sur la lutte contre le Temps qui dévore l'innocence et le bonheur. Cette lutte est pourtant vaine, même pour Cobb qui a vécu des années dans les limbes auprès de sa femme. S'il nous fallait donner un totem au film, nous lui donnerions justement celui du moulin à vent. Ce serait une autre sorte de *rosebud* qui correspond bien plus à son caractère évanescent. Il ne peut de toute façon n'y avoir *que du vent* : tout, dans cet amas de rêves, est destiné à s'envoler comme le vent emporte le sable, et à périr malgré la lutte. La fin heureuse du film, qui voit Cobb retrouver ses enfants et son père, n'est pas véritablement un *happy end* puisque cette réalité est tout autant soumise aux lois du moulin à vent et que l'addiction aux rêves de Cobb n'est certainement pas guérie. *Inception* nous raconte peut-être simplement cette histoire.

§ 5 : Malédictions

Le *rosebud* peut aussi être comparé à une malédiction poisseuse qui se nourrit de ses victimes. Un autre célèbre carton, celui qui indique l'entrée de Hunter sur le territoire du *Nosferatu* (1922) de Friedrich Wilhelm Murnau, ressemble en tout point à un « No trespassing » : « Dès qu'il eut franchi le pont, les fantômes vinrent à sa rencontre », à la manière de l'avertissement de Dante : « Vous qui entrez, laissez toute espérance ». Car, en franchissant le pont, le jeune héros franchit la limite qui sépare la raison de la folie, la maîtrise des pulsions et l'attrait du gouffre, le conscient et l'inconscient[1]. Le film de Murnau n'a *a priori* rien à voir avec une poétique du *rosebud,* d'autant plus qu'il est antérieur à *Citizen Kane*. Il ne s'intéresse pas aux conséquences de ce franchissement mais à l'obsession du vampire (mordre Ellen Hutter). Celui-ci, comme l'indique un des intertitres de la version originale teintée[2], est un être doté d'une vie pitoyable qui survit en buvant du sang. Son obsession est d'abord de nature animale. Le fait qu'il meurt pétrifié par la lumière du matin en réalisant son dessein le rend plus humain : c'est tout l'aspect tragique du mythe de Bram Stoker qu'on ne peut éluder. Est-ce pour autant le destin que réserve toute forme de *rosebud* à son hôte ? Pas nécessairement bien qu'il soit très difficile de s'en débarrasser puisqu'il est animé par une pulsion de mort et que, d'une manière ou d'une autre, on trouve à son origine un effet de pétrification. La fin de *Nosferatu* — là où se manifeste sa distraction mortelle — est ainsi plus intéressante à aborder du point de vue de la sidération, signe qu'un *rosebud* pétrifie sa

---

[1] Olivier Smolders, *Nosferatu - Contre Dracula*, Bruxelles, Les Impressions Nouvelles - Coll. "La Fabrique des héros", 2019, p.78.
[2] Cette version est proposée en DVD par l'éditeur français Films sans frontières.

victime. Ce n'est pas l'aspect le plus important à étudier (qui de plus, n'est pas souligné par la mise en scène de Murnau). La malédiction réelle intervient plutôt du côté des victimes : Ellen (*Nosferatu*), Lucy (*Nosferatu, fantôme de la nuit* de Werner Herzog) ou Lucy et Mina (*Dracula* de Francis Ford Coppola), une fois mordues, sont possédées par une effrayante et incontrôlable passion pour le vampire. Ces *rosebuds* vampiriques témoignent ici de toute leur puissance et les films de Coppola et Herzog prennent en plus le soin de les lier à des roses. Ce qui apparaît logique puisque le *Nosferatu* de Murnau est antérieur à la forme de *rosebud* inventée par *Citizen Kane*. Se peut-il que le *rosebud* existe avant le film d'Orson Welles ? C'est une hypothèse qu'il faudrait vérifier en se demandant si la rose conserve le même vecteur de sens. Les effets et manifestations du *rosebud* peuvent bien entendu excéder la forme décrite dans ce livre et donc exister dans toute forme d'art — la rose a-t-elle par exemple la même signification en peinture ? En tout cas, la manière dont le cinéma a filmé et repensé la place de la rose semble nouvelle et propre à ses moyens d'expression.

Dans le final de *Nosferatu, fantôme de la nuit* (1979), qui voit le vampire terrassé par la lumière du matin après avoir succombé à la tentation, Werner Herzog introduit dans le champ plusieurs motifs floraux. Un bouquet de fleurs blanches repose sur la commode de Lucy (Isabelle Adjani), des pétales blancs sont étalés sur son lit et des roses (ou une variété proche) sont disposées sur le rebord de la fenêtre. Les fleurs sur la table de nuit sont peut-être plus des tulipes que des roses, à moins que ce ne soient des boutons ? Les fleurs près de la fenêtre ne laissent quant à elles planer aucun doute. La mort de Nosferatu se retrouve liée à un *rosebud*. Lorsqu'il s'éprend de Lucy et se met en tête de goûter son sang, il n'est plus seulement un monstre. La pulsion du vampire se transforme en obsession humaine, celle d'un mort pour une vivante, et de créature animale déterminée et aliénée, il devient, grâce à son *rosebud*, un être capable de transcender sa condition. C'est tout le drame de cette créature que de périr dans une *chute humaine*. Herzog est ici assez proche du film de Murnau et renforce la potentielle humanité de la créature grâce au lien existant avec son *rosebud*, qui ne peut être qu'un phénomène humain. Les deux films sont complémentaires. Le destin de Nosferatu suit la même trajectoire et connaît le même sort que son lointain cousin Lester d'*American Beauty*. Par ailleurs, d'un point vue spectatoriel, la place importante qu'occupent les roses dans la composition picturale de la séquence finale traduit l'intensité d'une expérience dont on peut ne pas revenir. Les fleurs en posent le cadre et annoncent le maléfice. C'est ici que l'idée de pétrification entre en jeu. Que ce soit pour un personnage — sans que cela ne soit forcément montré à l'écran[1] — ou le spectateur, il y a toujours un moment où la « lumière » du *rosebud* fige et suspend la perception autant que la réception des affects et des images. Un *effet-nosferatu* glace le sang et ouvre la brèche dans laquelle s'engouffre le *rosebud*. Au commencement, tout se joue donc dans la vision. Qu'elle soit mentale (*Citizen Kane*) ou optique (les visions de Scottie dans *Vertigo*), le *rosebud* aveugle de sa puissance ceux qui ont le malheur d'en rencontrer un. Personne ne souhaite croiser un *rosebud* sur sa route, et pourtant, dans leur infinité, ils nous attendent pour nous pétrifier à l'image de tous ces personnages de cinéma qui n'en finissent pas avec leurs obsessions et leurs secrets, leurs blessures ouvertes et leurs regrets, leur vertige et leur chute, parfois jusqu'à la mort.

Le *Dracula* de Francis Ford Coppola (1992) n'est pas un remake du film de Friedrich Wilhelm Murnau comme l'est celui de Werner Herzog. Il explore d'autres aspects du mythe

[1] Si un *rosebud* se rend visible pour le spectateur, le moment où un personnage est pétrifié ne figure pas automatiquement dans le film. Par exemple, on ne sait rien de l'origine de la nécrophilie de Scottie dans *Vertigo*, cet instant zéro où le *rosebud* s'est installé.

en présentant notamment un Dracula beaucoup plus humain et prolixe. Le *rosebud* qui traverse le film prolonge étrangement celui de *Nosferatu, fantôme de la nuit*, un peu comme s'il représentait l'étape suivante du processus. Ce n'est plus la pétrification qui intéresse Coppola puisque celle-ci se produit rapidement lorsque les deux femmes, Lucy (Sadie Frost) et Mina (Winona Ryder), se font mordre, mais l'envoûtement et l'hypnose qui traduisent les signes d'une malédiction. Une fois que le *rosebud* étend sa toile et que le poison de sa morsure agit, Dracula charme ses victimes. Il se met à les consumer et celles-ci, en retour, se mettront à l'aimer passionnément jusqu'à sombrer dans un état de transe permanent. Cette dimension est faiblement suggérée chez Murnau et tout à fait absente du film épuré et ascétique de Werner Herzog. Dans la scène où le vampire s'introduit dans la chambre de Lucy pour la dévorer, un bouquet de roses rouges posé sur la table de nuit se fane subitement au moment où le monstre s'approche du lit. N'est-ce pas la marque la plus significative du passage d'un *rosebud* et de son pouvoir ? Le fait que le bouquet se désintègre traduit bien le processus qui est ici à l'œuvre : le *rosebud* consume, dévitalise et pousse les corps dans les régions les plus extrêmes qui soient. C'est une malédiction passionnelle. Chez Coppola, contrairement à Murnau et Herzog, Dracula n'est pas la victime tragique d'un *rosebud.* Il est présenté comme un monstre aux sentiments déjà humains et dont la puissance surpasse son maléfice. Au début du film, il perd l'amour de sa vie et le retrouve quatre cents ans plus tard sous les traits de Mina à laquelle il ne veut pas réserver le même sort funeste d'une vie éternelle. Cette damnation, qui lui fait prendre également l'apparence d'un loup-garou moins bestial qu'anthropomorphe, ne correspond à aucun *rosebud* visible construit par la mise en scène ou signalé par la présence de roses dans le plan. Il s'agit d'une simple trame narrative car ce sont d'abord les victimes du vampire qui sont en proie aux effets et aux symptômes de la malédiction d'un *rosebud*.

Dans *L'Homme sans âge* (2007), Coppola s'intéresse à une autre malédiction, celle d'un homme frappé par la foudre qui voit ses capacités intellectuelles décuplées. Le professeur Matei (Tim Roth) rajeunit soudainement de quarante ans et devient une bête traquée par différents gouvernements. La rose a été choisie comme motif du film. Elle se retrouve sur de nombreux posters et visuels commerciaux. Elle apparaît à trois moments : en seule et unique toile de fond du générique d'ouverture ; vers la moitié du film où le double de Matei se sert de deux roses pour manifester son existence réelle ; et à la fin, lorsque ce même double dépose la troisième fleur entre les mains de Matei gisant mort sur la neige avant qu'elle ne se détache du plan pour accompagner le générique final. Sur la jaquette de l'édition DVD française, le slogan du film, sur lequel repose une rose rouge, est énoncé en une phrase : « Un homme. Un secret. Une traque sans pitié ». Quel peut bien être le secret de *L'Homme sans âge* ? Le film est plutôt confus et explore tellement de pistes (la découverte du premier langage humain ou les capacités de l'esprit, entre autres) qu'il est difficile d'identifier ce secret qui frôle alors l'artifice. Cela pourrait être l'amour impossible que Matei voue à une *âme* qui s'incarne en deux corps différents, Veronica et Laura (toutes les deux interprétées par Alexandra Maria Lara). La métempsychose est d'ailleurs évoquée à plusieurs reprises. Elle est cependant rendue impossible car le mauvais sort de Matei entraîne le vieillissement rapide de la jeune femme. La rose serait-elle alors le signe de cette blessure ? Et que vient faire le double dans cette histoire, lui qui rend visibles les trois fleurs ? Coppola ne semble finalement pas accorder beaucoup d'importance à la portée symbolique et esthétique de la rose. Matei s'avère en effet moins torturé par un *rosebud* qu'avantagé par les pouvoirs surnaturels qu'il possède. Il accepte plutôt bien sa malédiction. *L'Homme sans âge* reste une vraie curiosité où le secret promis par les roses ne se dévoile jamais vraiment, soit parce que le film reste tout simplement en surface, soit parce que Coppola décide de ne pas livrer de réponses aux énigmes posées par le film.

On retrouve également dans *Tetro* (2009) toutes les caractéristiques d'un *rosebud* sauf qu'ici Coppola n'utilise jamais le motif de la rose. Sous l'apparence d'une saga familiale orageuse, le film raconte l'histoire d'un lien de sang qui ronge Bennie (Alden Ehrenreich) et Tetro (Vincent Gallo). Ce lien est à la fois une malédiction et un secret dévastateur dont l'origine se trouve dans la figure d'un père castrateur et manipulateur (Klaus Maria Brandauer). Celui-ci détruit son fils Tetro en guise de vengeance (Tetro conduisait la voiture qui a coûté la vie à sa mère dans un accident) et va même jusqu'à lui voler sa petite amie. Le *rosebud* prend les traits de ce père terrifiant et fonctionne comme une malédiction qui torture et assèche sa victime. Lors d'un passage en couleurs correspondant à une des visions de Tetro, on le voit marcher sur la plage avec son père. À un moment, ils arrivent à la hauteur d'un panneau qui indique ni plus ni moins que « No trespassing ». Est-ce un hasard ou une véritable référence qui relierait le drame familial à l'expression d'un *rosebud* ? L'écriteau semble être planté au milieu de la plage sans délimiter ni interdire l'accès à un endroit spécifique. Et comme il s'agit d'une projection subjective des écrits de Tetro plus que d'un souvenir neutre omniscient, on pourrait dire qu'il existe un lien de type *rosebud* que le film porte bien en lui-même. Autre référence possible : les éclats de lumière. Dans la première scène du film, Tetro fixe l'ampoule d'une lampe et, à plusieurs reprises par la suite, Coppola aveugle le spectateur avec des éclats lumineux qui font basculer l'équilibre du noir et blanc de son film. À la fin, lorsque Bennie marche au milieu de la route et que Tetro vient le récupérer, ce dernier lui dit cette phrase clé : « Il ne faut pas regarder la lumière ». Au même titre que Nosferatu, regarder la lumière revient à céder face à un *rosebud.* Tetro et le vampire ne sont au fond pas très différents dans cet instant où ils sont aveuglés et pétrifiés par la lumière. Si Nosferatu meurt, Tetro va quant à lui affronter son *rosebud* dont la lumière lui rappelle l'existence teigneuse qui l'a poussé à mener une vie marginale et hantée par un secret qui agit comme une malédiction.

De malédiction, il en est encore étrangement question dans un film où rien ne laissait entrevoir son apparition. D'où la richesse, la variété et la transversalité du phénomène. Il s'agit de *La vie au ranch* (2009) de Sophie Letourneur, qui dresse le portrait d'une poignée d'étudiantes parisiennes qui passent leur temps à faire la fête et l'école buissonnière. Letourneur filme d'abord ces adolescentes un peu paumées et un milieu qu'elle connaît bien de manière quasiment documentaire et sans véritable fil conducteur. Il ne se passe en effet pas grand-chose dans ce quotidien : beuveries, concerts, discussions sans fin, déambulations dans Paris, etc. *La vie au ranch* bascule dans sa dernière partie lorsque le groupe d'amies se rend durant l'été en Auvergne, chez Manon (Mahault Mollaret). C'est à ce moment que celle-ci se brouille définitivement avec Pam (Sarah-Jane Sauvegrain), son ancienne colocataire et meilleure amie. Cette rupture finit par apporter quelque chose de beaucoup plus narratif et de « fictionnel » au film. Alors que Pam rentre à Paris, les autres filles se rendent à la grande fête du village pour s'éclater, sauf que Manon y erre comme une âme abandonnée et mélancolique, signe d'un basculement dans sa vie intime. On apprend ensuite que Pam a déménagé à Berlin où « c'est cool ». Dans la dernière scène du film, Lola (Eulalie Juster), la seule fille du groupe avec laquelle elle est restée en contact, lui rend visite dans son appartement. Elle découvre une curieuse installation de sacs de voyage accrochée au mur mais surtout, sur la table, deux vases contenant chacun une rose rouge. Lola dit alors à Pam que ça porte malheur de séparer deux roses, sans que le spectateur ne sache d'où vient cette supposée malédiction. Est-ce une invention ou une superstition appartenant au personnage ? Est-ce le signe que Pam, qui au fond galère dans la vie, va encore accumuler les années de malheur ? Il est possible ici de revenir à l'essence wellesienne du *rosebud* : ces deux roses, l'une figurant Pam et l'autre Manon, expriment une blessure ouverte et la perte de quelque chose de cher, un peu comme si Pam avait dressé un autel à la mémoire de son ancienne amie pour en garder le souvenir teinté de regrets et de mélancolie. C'est au fond une forme de malheur. Avec beaucoup de finesse, Sophie Letourneur termine de la plus belle des manières un film qui au départ ne permettait pas d'anticiper ce virage tragique.

Le film-phénomène *Promising Young Woman* (2020) de Emerald Fennell montre bien à son tour comment un *rosebud*, en tant que secret destructeur, peut étroitement être lié à une forme de malédiction, l'un entraînant souvent l'autre. Le film raconte l'histoire de Cassie (Carey Mulligan) qui cherche à venger son amie défunte Nina, victime d'un viol dont elle ne s'est jamais remise durant leurs années d'étude en médecine. Cassie se voue d'abord à un étrange rituel : pour renvoyer les hommes à leur propre vanité, elle fait semblant d'être ivre morte en soirée pour que l'un d'eux profite de la situation, sauf qu'à chaque fois, quand le moment du sexe se profile, elle révèle la supercherie et effraie les hommes qui s'enfuient sur-le-champ. Cassie s'en prend également aux personnes qui étaient témoins de l'affaire, de la directrice de l'université à l'avocat qui a défendu le violeur (Al Monroe). Son œuvre devait se terminer par l'humiliation de ce dernier pour lequel elle avait prévu d'écrire, sur le torse, et avec un couteau, le nom de Nina. Elle échoue et Al finit par la tuer puis se débarrasse du corps en le brûlant. Cassie est d'abord présentée comme un personnage hors-normes qui suscite l'inquiétude de ses parents chez qui elle vit encore. Lorsqu'elle rencontre Ryan, on comprend qu'un épanouissement est possible pour elle alors que sa vie semble être rongée par la mort de son amie. C'est dans le café où elle travaille sans enthousiasme qu'un travelling vertical partant de ses hanches révèle un chemisier recouvert de boutons de rose. Le lien avec son *rosebud* semble ici évident. Quelques scènes plus tard, lorsqu'elle se rendra à son premier rencart avec Ryan, elle portera une robe blanche recouverte de roses rouges. Le parallèle le plus évident ne serait-il pas à faire avec l'épanouissement de la jeune femme et le surgissement inattendu de l'amour dans son existence cynique ? C'est bien le cas puisque Cassie va croire à nouveau en l'amour aux côtés de Ryan. Or, dans la deuxième partie du film, elle découvrira qu'il a filmé le viol de Nina, ce qui entraîne définitivement la mise en place de son plan pour se venger mais marque également un basculement : Cassie ne pourra plus éviter son destin qui prend définitivement la forme d'une malédiction dont elle ne pourra pas se dégager. Les boutons de rose sur son chemisier ne trahissaient pas le *rosebud* qui lui colle à la peau. Les roses rouges de sa robe ne pourraient-elles pas suggérer que l'amour serait au contraire une illusion et un faux-ami ? Et que, malgré elle, Cassie ne pouvait pas échapper à sa malédiction ? *Promising Young Woman*, qui refuse tout compromis, n'accorde aucune forme de salut à son personnage qui ne peut que vivre définitivement à travers la puissance destructrice de son secret.

Ana de Armas, dans *Blonde* (2022), porte elle aussi une robe blanche recouverte de roses rouges. Dans le film phénoménologique d'Andrew Dominik, elle incarne une Marilyn Monroe plus fragile que jamais. Juste avant de la voir porter cette robe, un plan à valeur iconique d'une dizaine de secondes la montre au milieu d'une sorte de buisson de roses qui entoure son visage. Le *rosebud* se manifeste ici très clairement. Car qu'est-ce que la vie de Marilyn si ce n'est une répétition de brisures et de fêlures due, en partie, à plusieurs blessures secrètes qui la consument ? Si on suit le point de vue que propose Andrew Dominik, et qui a été contesté à juste titre[1], sa vie est aussi marquée par une incapacité partielle à habiter le monde autrement que comme une image ou une ombre. La structure éclatée de *Blonde* le rapproche ainsi très clairement de *Citizen Kane*. Les deux personnages existent différemment, l'un est un ogre, l'autre est traversé par le vide, mais ils reposent tous les deux sur une forme de fragilité. *Blonde* accentue jusqu'à la caricature l'absence du père, qui serait à l'origine de la chute vertigineuse de Marilyn. Il y a bien sûr d'autres paramètres existentiels qui entrent en jeu, dont des effets de ricochet, la recherche d'un *soi* là où tout est éclaté, la lutte contre une image qu'on désire à la fois être et fuir. C'est pourquoi il y a bien un *rosebud* dans *Blonde* qui étend une toile complexe et un secret aux ramifications vénéneuses.

L'histoire du cinéma compte de nombreux cas de possessions. Dans *Juliette des esprits* (1965), Federico Fellini raconte le glissement progressif d'une femme, Giulietta (Giulietta Masina), vers une forme de folie, ou tout du moins vers un certain rapport avec d'étranges visions mentales qui lui apparaissent alors qu'elle est en proie à une détresse existentielle (elle découvre que son mari la trompe). Dans une de ses visions, Giulietta voit une femme terrifiante avec une rose rouge posée sur la tête ainsi qu'un autre démon passant sa tête à travers un grand mur fleuri composé lui aussi de roses. Ces fantômes viennent de son passé pour la hanter et finissent par prendre possession de son esprit, à l'image de ses souvenirs d'enfance (on la voit enfant à plusieurs reprises), des soldats ou de ces personnages portant une tunique mauve. L'affiche française du film ne s'y trompe pas : elle présente un visage avec une rose rouge en plein milieu, entre l'œil et la bouche, et traduit par-là parfaitement qu'un *rosebud* plutôt destructeur est à l'œuvre même si Fellini laisse entendre que Giulietta va pouvoir cohabiter avec ses visions. *Juliette des*

---

[1] Marion Hallet, « Marilyn Monroe réduite à une figure de victime », *Le genre et l'écran* (en ligne), 6 octobre 2022.

esprits est richement composé de fleurs et de motifs floraux. Il y en a par exemple beaucoup dans la maison de Giulietta et sur les costumes des personnages. Est-ce simplement décoratif ? On connaît la minutie de Fellini et l'opulence de son univers visuel, saturant les signes et la symbolique des choses. Dans ce cas, si on veut bien admettre qu'il y a ici un *rosebud*, alors peut-être que celui-ci se traduit de manière inconsciente dans le film, par-delà le contrôle de Fellini sur son décor, puisque rien, au départ, ne semble différencier l'usage qu'il fait des fleurs, si ce n'est la différence entre la réalité et l'imaginaire. La rose n'est d'ailleurs pas prédominante, contrairement à ce que l'affiche du film laisse penser.

§ 6 : Œil perforé, corps agressé

Un *rosebud* se déploie dans un rapport frontal entre les corps, les images et le spectateur. Comme on l'a déjà vu, il fonctionne aussi bien à l'intérieur des films qu'au niveau de la réception spectatorielle. Le spectateur peut être le témoin mais aussi la victime potentielle d'un *rosebud.* Il n'est jamais totalement passif, ni contrôlé ou aliéné par les images. Au cinéma, comme le rappelle bien Jean-Louis Comolli dans un de ses derniers livres, il est tout aussi concerné que les personnages par ce qui se joue à l'écran. Il partage avec eux, le temps de la durée du film, un même univers affectif[1]. Cette identification est essentielle à bien des niveaux, tant psychologique, sociologique qu'anthropologique[2]. L'identification se produit à différents degrés et les images n'ont pas toutes le même impact sur la sensibilité du spectateur. Celui-ci comprendra sans grande difficulté l'intrigue et l'origine des faiblesses de Kane et de Scottie. Il est libre de s'y retrouver ou de les juger sans pour autant ressentir la même chose que les personnages. Leurs points de basculement ne sont pas forcément le sien. Par contre, des films peuvent laisser des traces profondes et durables, à court, moyen ou long terme, sur le spectateur en fonction de l'intensité qu'aura prise la rencontre, souvent inattendue, d'affects à l'écran. Cette rencontre est généralement plus affective qu'esthétique. Elle stimule d'abord par sa puissance inexpliquée et injustifiable, qui peut tenir en quelques mots, une scène, une idée, voire même un geste ou

---

[1] Jean-Louis Comolli, *Cinéma, Numérique, Survie,* Lyon, ENS Éditions, 2019. Dans cet ouvrage, Comolli fait le point sur toutes ces questions à l'ère du numérique où il rappelle la place essentielle du spectateur.

[2] Nous renvoyons ici à toute l'œuvre de Laurent Jullier dont la lecture nous accompagne depuis toujours.

un regard. Pour ce faire, le spectateur expose toujours sa vulnérabilité aux images. Combien de films et d'épisodes de séries TV laissent leur empreinte grâce à l'existence de cette vulnérabilité que chaque spectateur est prêt à mettre en jeu afin de pouvoir combler sa recherche d'affects ? Le spectateur recherche ce frémissement comme il peut admirer la cohérence esthétique d'une œuvre ou les idées qui guident la mise en scène. Un *rosebud*, comme nous venons de le voir avec *Citizen Kane* et *Vertigo*, représente généralement une idée de mise en scène. Mais il obéit en même temps à un principe premier : le fait d'être affecté, troublé, bousculé par une vision. Une vision qui devient ensuite une image obsédante et déstructurante au départ de laquelle le *rosebud* déploie son ombre.

Quelle est la vision la plus marquante de l'histoire du cinéma ? On connaît bien sûr la légende qui entoure l'entrée du train en gare des frères Lumière. Mais l'œil tranché au rasoir dans *Un chien andalou* de Luis Buñuel, en 1929, s'impose certainement comme une des premières grandes images agressives de l'histoire du cinéma, et elle est donc essentielle pour avoir été récupérée, consciemment ou non, par la suite. Noël Burch parle ainsi d'un pouvoir que détient l'image cinématographique qui peut agresser la sensibilité du spectateur[1]. Il évoque de la douleur « car il s'agit bien d'elle, douleur morale le plus souvent mais aussi, parfois, douleur physique, qui peut être considérée comme une des composantes de l'expérience esthétique »[2]. Ces formes d'agression naissent « de ce rapport si particulier, presque hypnotique, qui s'établit entre le spectateur et l'écran dès que les lumières s'éteignent dans la salle (...) Le spectateur est à la merci du réalisateur (...) : le "mal" est fait, le malaise, la terreur peut-être, sont déjà dans la maison »[3]. Noël Burch confère au *Chien*

[1] Noël Burch, *Une praxis du cinéma*, Paris, Gallimard, 1986, p.178.
[2] *Ibid.*, p.180.
[3] *Ibid.*, p.181.

andalou une puissance traumatisante demeurant intacte après plusieurs visions[1].

Un *rosebud,* à sa naissance, constitue une agression de ce genre, aussi bien physique que mentale. En tant que structure d'agression, et dans certains cas précis (dans la pornographie en premier lieu, comme nous le verrons plus loin en détail), elle détient le pouvoir de déstabiliser le spectateur. Mais elle produit surtout les mêmes effets sur les personnages qui doivent aussi être considérés comme des voyants hantés par des visions. C'est bien sûr le cas de Scottie, et de Kane qui lutte intérieurement contre le traumatisme de son enfance volée. Il faut donc étendre la théorie de Burch, qu'on aurait tort de considérer comme dépassée ou liée uniquement à la subjectivité du spectateur, aux dimensions filmiques et diégétiques. L'œil ciselé d'*Un chien andalou* frappe d'abord par la substance gluante qui coule sur le rasoir. Un peu comme les visions de roses et de formes géométriques de Scottie, et le générique d'ouverture de Saul Bass explorant la perception d'un œil qui semble hypnotisé, ce qui est vu s'apparente à un choc, ou à la confrontation avec quelque chose d'insoutenable. Bien sûr, chez Buñuel, c'est le spectateur qui est visé, un peu moins chez Hitchcock, sauf si on souffre de vertige[2]. L'idée demeure cependant la même : il y a au départ d'un *rosebud* une forme d'agression qui en conditionne le mode d'être et ses effets. Cette agression est à la fois propre à l'étrangeté morbide du film et conditionne la réception spectatorielle avec l'image insoutenable de l'œil tranché qui est sans doute à l'origine de nombreuses phobies.

Un chien andalou ne se limite pas à la seule séquence de l'œil crevé. C'est un film traversé par des obsessions étranges (qui s'incarnent sous la forme de visions rassemblées sous la

---

[1] *Ibid.*, p.182.

[2] Ce qui est notre cas. Les plusieurs visions de *Vertigo* ont laissé la même trace sur notre acrophobie qu'*Un chien andalou* sur Noël Burch.

forme de vignettes) et la circulation de pulsions si caractéristique du cinéma de Luis Buñuel. Le fait que le film soit révolutionnaire par sa liberté et son imagination iconoclaste joue dans la manière dont il a pu affecter de manière virale l'histoire du cinéma et cela malgré son étiquette surréaliste à laquelle il ne faudrait pas le réduire. Si le film ne déplie pas un *rosebud*, il pose son cadre d'action. Le spectateur peut ressentir autant de malaise devant les pulsions incontrôlables du personnage masculin que face à l'œil tranché, soit presque deux conditions préalables à l'émergence d'un *rosebud* qui se donne à voir dans sa vérité frontale.

§ 7 : Topologie du *rosebud*

En tant qu'événement, comme nous venons de le voir, un *rosebud* peut prendre possession d'un corps de différentes manières qui sont autant de formes possibles d'expression. Mais un *rosebud* peut aussi cacher un monde et en délimiter l'espace et la cartographie. Il ne s'ancre plus alors seulement dans la subjectivité des personnages mais dans les tissus du monde, comme une limite territoriale et spatio-temporelle qu'il vaut mieux ne pas franchir. Welles ou Murnau nous avaient déjà avertis. Le « No trespassing » reprend ici son sens littéral : derrière la grille, au-delà de l'interdit et de l'avertissement, un monde dangereux et obscur, ne suivant que ses propres règles, s'agite dans l'ombre.

Dans *Rosemary's Baby* (1968), Roman Polanski convoque les forces du mal. Rosemary et Guy emménagent dans un appartement niché dans un splendide immeuble aux allures gothiques qui n'est pas sans rappeler Xanadu. Pour y pénétrer, ils franchissent d'ailleurs symboliquement une grille. Très vite, ils se lient d'amitié avec leurs voisins qui s'avèrent être en réalité des sorciers membres d'une communauté occulte. Afin de lancer sa carrière d'acteur, Guy va passer un pacte avec eux pour qu'ils lui offrent la célébrité en échange de leur bébé, qui sera la progéniture du diable en personne. Polanski joue la carte du premier degré en faisant exister matériellement le monde des ténèbres. Celui-ci a pour originalité de se trouver à deux pas de chez soi, derrière des portes *a priori* familières et des cloisons peu hermétiques. On ne sait pas d'où vient exactement le diable lorsqu'il surgit pour mettre en cloque Rosemary. L'action pourrait se dérouler dans les sous-sols lugubres de l'immeuble. Rosemary, droguée, y est allongée sur un lit dont les draps sont recouverts de roses. La présence de ce motif est étonnante et peut renvoyer au lien existant entre un *rosebud* et un territoire aux mains des forces du mal. Surtout que plus tôt, on comprend que Guy a bel et bien passé un accord avec les voisins lorsqu'il accueille Rosemary avec des bouquets de roses rouges. Il en dispose trois dans l'appartement, d'une façon à délimiter l'espace, et il apparaît beaucoup plus joyeux qu'il ne devrait l'être dans ce moment anodin. Le pacte passé avec le diable prend ainsi la couleur rouge des roses et contraste fortement avec les couleurs claires de l'appartement, du mobilier et des tissus. Lorsque le couple organise une fête avec leurs amis non-sorciers, Rosemary reçoit de la part d'une convive un bouquet de roses rouges qui semble l'embarrasser, un peu comme s'il renvoyait au monde occulte duquel elle est désormais prisonnière. C'est la porte vers un monde diabolique qui s'ouvre sous les pieds de Guy et Rosemary. L'immeuble entier passe sous l'emprise des forces du mal. On pouvait espérer trouver dans l'appartement des voisins où est gardé l'enfant un signe du *rosebud* mais ce n'est pas le cas. Il y a malgré tout un lien, ce qui était inespéré — comme dans chaque œuvre où nous avons découvert un *rosebud* — ou logique en soi dans la mesure où l'accès à des mondes maléfiques est forcément marqué, signifié ou délimité par quelque chose.

Il n'y a pas de délimitation florale semblable dans *Chinatown* (1974). Des bouquets apparaissent bien dans quelques plans sans pour autant circonscrire l'accès à un monde maléfique. Pourtant, le film est travaillé en profondeur par la puissance d'un *rosebud* auquel une construction spatiale complexe barre l'accès. En effet, en plus du barrage qui est au centre du récit, on ne compte plus les grillages, les portes fermées et les zones mystérieuses de Los Angeles où il est bon de ne pas s'aventurer. Un panneau « No trespassing » accueille même les curieux à l'orangeraie où s'organisent les magouilles du département des eaux de la ville. Plusieurs lieux forment ensemble une cartographie dissimulée derrière les apparences. Il y a l'inquiétant barrage donc, mais aussi le jardin d'Evelyn Mulwray (Faye Dunaway) où se déroule le meurtre de son mari, la maison dans laquelle elle cache sa fille née d'un inceste, la rivière asséchée de la ville habitée par les clochards et un étrange garçon à cheval ou encore la maison de repos utilisée comme couverture. Le nom de *Chinatown* désigne, telle une métaphore renvoyant à un quartier mafieux, cette carte du mal en bande organisée. Polanski met ainsi en garde tous ceux qui voudraient pénétrer dans ce monde hostile. C'est pourquoi Jack Gittes (Jack Nicholson) passe son temps à filouter pour accéder à ce monde soigneusement dissimulé. Il va non seulement découvrir les manœuvres frauduleuses des autorités de Los Angeles pour acheminer l'eau vers la ville mais, pire encore, le secret le plus enfoui de tous : l'inceste dont a été victime Evelyn par son père Noah Cross (John Huston), qui par ailleurs tire les ficelles. Ce *rosebud* fonctionne comme celui de *Citizen Kane*. C'est une blessure ouverte (bien plus grave que chez Welles) qui désorganise et désoriente l'intimité d'Evelyn, dont les faits et gestes varient en fonction de l'emprise que son *rosebud* exerce sur elle. D'où son comportement étrange et imprévisible. Si les magouilles de Cross et l'inceste semblent être a priori deux choses différentes, les unes ouvrent incontestablement une voie royale vers l'autre suite à l'assassinat de Hollis Mulwray. On comprend alors bien qu'il faut barrer l'accès à ce monde obscur qui pourrait révéler son secret le plus terrible.

Le Jour du fléau (1975) de John Schlesinger est un chef-d'œuvre méconnu mais représentatif de la vitalité du cinéma américain des années 70. L'action se situe à Hollywood en 1939. Tod, un dessinateur, rêve de percer dans le milieu du cinéma et tombe amoureux de Faye, une figurante frivole bercée d'illusions. Le film tire toute son originalité de sa dernière partie où l'avant-première d'un film au Chinese Theater tourne à l'émeute générale. Plus encore qu'une critique d'Hollywood, le final du *Jour du fléau* « décrit une puissance qui dépasse les décisions humaines et se donne comme une véritable apocalypse »[1]. Pacôme Thiellement, sous l'influence de René Guénon, y voit même le véritable film des fondations contre-initiatiques du Temple et de son destin[2]. Étrangement, une rose est liée à la trajectoire destructrice du film. Lorsque Tod emménage dans son pavillon, il découvre une fissure dans le mur et il y glisse une rose qui se trouvait dans un vase près de l'entrée. Cette rose encastrée dans le mur figurera également dans le dernier plan du film sur lequel défile le générique. Tod utilise ce mur pour exposer ses dessins. Après l'accident sur le tournage auquel il collabore, et hanté par le chaos engendré, il y accroche des peintures de morts et de démons portant d'effrayants masques, assez proches de l'univers du peintre James Ensor. Le soir de l'avant-première, alors que l'émeute éclate, Tod voit ces mêmes démons marcher dans la rue comme s'ils surgissaient tout droit de l'enfer. Un plan étonnant montre la fissure du mur de son appartement où la rose est toujours enfoncée s'ouvrir sur cette foule maléfique semant le chaos dans un Los Angeles ravagé par les flammes. La rose semblait ainsi contenir ou dissimuler jusqu'ici tout un monde maléfique dont l'existence demeure confuse (même s'il faut *a priori* la rattacher à l'imagination de Tod). Pourquoi John Schlesinger accorde-t-il autant d'importance à cette rose dans le long plan final ? Pour Pacôme Thiellement, « nul sourire ne flotte sur le visage de Tod lors de l'incendie du *Chinese Theater*, mais il laisse une fleur en dépôt dans son bungalow, signe d'amour et message d'adieu, et c'est le visage de Faye Greener que l'on voit sourire avec tristesse et intelligence »[3]. Cette lecture nous paraît trop limitée. Tod dépose d'abord la fleur dans son mur dès le début du film, donc avant de vivre cette histoire d'amour impossible

---

[1] Pacôme Thiellement, *Cinema Hermetica*, Paris, Super 8 Éditions, 2016, p.289.
[2] *Ibid.*
[3] *Ibid.*, p.292.

avec Faye. De plus, le processus destructeur du film, avec comme point culminant l'ouverture d'un arrière-monde maléfique, n'a rien à voir avec le sort de la jeune femme. Si on lui accorde une dimension objective, cette apocalypse que Schlesinger met en scène trouve dans la rose, qui n'est pas qu'une simple fleur, une signification transcendante et métaphysique, comme si celle-ci était une sorte de boîte de Pandore à laquelle il ne faudrait pas toucher. Il y a là un *rosebud* très particulier, qui naît peut-être de la subjectivité de Tod, mais qui étrangement ouvre sur un monde maléfique capable de mettre à feu et à sang Los Angeles. Le *rosebud* peut être l'autre nom de cette pulsion de mort collective qui anime l'inconscient de la ville et les désirs multiples de ceux qui se rêvent en haut de l'affiche. Ou bien encore (r)appelle-t-il les morts tombés pour l'édification de la ville, puisque beaucoup de sang a en effet coulé sur l'ancien désert californien ? Cette rose fondue dans le décor, et son rapport à l'effondrement et à la destruction, en dit en tout cas beaucoup plus qu'une banale histoire d'amour ratée.

David Lynch a toujours accordé une place fondamentale à la topologie dans son œuvre. Saad Chakali et Alexia Roux en donnent une parfaite explication et on voit à quel point un *rosebud* peut s'inscrire dans son cinéma comme un déséquilibre, une percée ou une fêlure dans l'espace : « David Lynch est un cinéaste des intensités, sa passion est celle de l'événement. Sans crier gare ou bien avec le plus grand des boucans, quelque chose arrive dans le monde que l'on n'attendait pas. L'imprévisible surprend et ravit, excédant toutes les attentes en saisissant puissamment l'attention, débordant toutes les grilles de programmes, les calculs prévisionnels, les projections : le réel dans toute sa puissance fantastique. L'événement est un surgissement qui ajoute au monde (c'est un élément surnuméraire à la situation comme pour la philosophie d'Alain Badiou) ou bien en soustrait une part (le ravissement est alors littéral, c'est un enlèvement comme celui de Laura Palmer, une soustraction comme la disparition de 2 % de la population mondiale dans *The Leftovers* de Tom Perrotta et Damon Lindelof). L'événement consiste toujours en un déséquilibre extrême, une radicale remise en question, une percée des horizons dont la blessure engage d'en tirer un destin. L'événement avère ainsi que le monde est plein de trous et de bosses, aléatoires, mobiles, partout. Troué ou fendu, le monde est une bigarrure renouvelée, une fêlure répétée. C'est un dedans non clos et hermétique dont la sphère est branchée sur les puissances du dehors (un nom pour le hors-champ) qui le traversent du rhizome électrique de ses intensités intempestives, ralentissements et fulgurances, torsions et distorsions, obscurcissements et embrasements »[1].

À partir de *Blue Velvet* (1986), Lynch ne cessera de découper, délimiter et organiser différents mondes les uns par rapport aux autres. L'influence de Polanski s'avère ici évidente, surtout sur *Mulholland Drive*, au même titre que celle d'un de ses films favoris, *Sunset Boulevard* de Billy Wilder (1950) auquel il a emprunté des noms (jusqu'à reprendre une séquence dans la saison 3 de *Twin Peaks*), mais surtout une idée essentielle : l'opposition entre la vie quotidienne et des mondes parallèles qui suivent leurs propres règles.

Dans *Sunset Boulevard*, le manoir de Nora Desmond constitue une sorte de *Red Room* avant l'heure. Le temps semble s'y être arrêté, piégeant dans ses plis des statues de cire (Erich von Stroheim et Buster Keaton en tête) autant que l'atmosphère d'une époque révolue. Ses habitants évoluent selon leur propre code de conduite qui apparaît incompréhensible pour les étrangers, exactement comme dans la *Red Room*. Tous les mondes parallèles que filmera Lynch, qu'ils

[1] Des Nouvelles du Front (Saad Chakali et Alexia Roux), « David Lynch cinéma schizo (IV) » in *Des Nouvelles du Front* [En ligne], 20 novembre 2020.

soient surnaturels (*Twin Peaks, Lost Highway*) ou le fruit d'un dysfonctionnement pervers (*Blue Velvet, Sailor et Lula*), fonctionnent de la même manière et en opposition avec une vie quotidienne dite « normale » qu'ils finissent par dévorer. L'œuvre de David Lynch entretient ainsi un double rapport à l'espace et au temps. Le premier repose sur l'exploration de *Lynchtown*, un concept proposé par Michel Chion, qui s'étend de *Blue Velvet* jusqu'à *Twin Peaks*, puis le second sur ce que Pacôme Thiellement a nommé les *Black Lodges films*, de *Lost Highway* à la saison trois de *Twin Peaks,* à l'exception d'*Une histoire vraie*. *Lynchtown* est « une coquette petite bourgade typiquement américaine, au milieu d'un océan de forêt, et résistant de tout son confort organisé et de tout son ordre, à un environnement au mystère sans limite »[1]. La cassure, comme le suggère Thiellement, est due au fait que le cinéaste serait resté coincé dans la *Black Lodge* à la fin de *Twin Peaks*, à l'instar de l'agent Cooper, entraînant un changement radical dans son œuvre et surtout dans son rapport au(x) monde(s). Ainsi, quand le double maléfique de Cooper quitte la *Black Lodge* à la fin de l'épisode 29 de *Twin Peaks*, c'est avec lui que « le monde de la *Black Lodge* sort, et le Temps comme le monde que présenteront les films suivants seront à son image »[2].

Les mondes étranges et souvent insaisissables de David Lynch nécessitent la mise en place de véritables exégèses qui doivent être attentives au moindre signe. L'espace s'organise aussi bien horizontalement (*Lynchtown* et Hollywood) que verticalement (les différentes loges et les mondes fantastiques). L'accès à ces mondes pourrait s'effectuer de plusieurs manières. La première, qui est la plus évidente, est par l'horizontalité : il suffit de s'aventurer dans les terres sauvages entourant *Lynchtown* et Hollywood pour y découvrir des

---

[1] Michel Chion, *David Lynch*, Paris, Cahiers du cinéma, 2001, p.101.

[2] Pacôme Thiellement, *Trois essais sur Twin Peaks*, Paris, PUF, 2018, p.119.

choses étranges, comme par exemple « Mulholland Drive qui n'est jamais aussi fascinante que lorsqu'on la quitte en plein milieu et en pleine nuit, que l'on décide de couper court à travers ses lacets. Ce décrochage intervient à deux reprises dans le film, une manière pour Lynch d'indiquer qu'on change de dimension. (…) Cette sortie de route nous extrait de la réalité urbaine et des mirages hollywoodiens pour nous faire traverser d'autres réalités, des mondes encore sacrés aux portes de la cité »[1]. Les personnages lynchiens savent qu'ils se meuvent dans des mondes hétérogènes, « il y a plusieurs mondes, en fait, et comme nous ne pouvons nous maintenir constamment dans le même, nous devons nous débrouiller pour vivre cette pluralité. C'est la seule constante de tout le cinéma de Lynch, son postulat : l'existence *de plus d'un* monde »[2]. L'accès peut aussi se faire verticalement. Ici, il est question de pénétrer dans des mondes surnaturels tels que la *Red Room*, la *Black Lodge* (qui réapparaît sous différentes formes après *Twin Peaks*) ou le club Silencio par lequel se transfigure le monde de *Mulholland Drive*. Ce sont des lieux hors du temps qui capturent l'âme des personnages et renversent leurs rapports au monde. Enfin, une troisième façon d'approcher l'univers de David Lynch consiste à se mettre dans la peau d'un enquêteur à l'affût de chaque signe. Les personnages sont parfois simplement confrontés à des énigmes qui n'ont rien à avoir avec leur façon de se mouvoir dans les différents mondes. Ils doivent accepter les nombreux mystères qu'ils rencontrent et postuler des interprétations. Le spectateur, comme les personnages, se retrouve régulièrement dans la position d'un exégète.

La clé pour adopter cette posture est fournie par la célèbre rose bleue que porte Lil dans *Twin Peaks : Fire Walk with Me* (1992), le film peut-être le plus important pour décoder

---

[1] Guy Astic, « Disparaître ici » in *Simulacres*, Paris, n° 6, mars 2002, p.139.

[2] Michel Chion, *David Lynch, op.cit,* p.196.

l'œuvre de David Lynch et qui fut, de manière incompréhensible, un échec public et critique à sa sortie. « Par l'introduction au mystère de la Rose Bleue, le travail cinématographique de David Lynch apparaît subséquemment comme la description d'une méthode, par laquelle le spectateur peut entrer dans l'univers de l'auteur, et se reconnaître dans le combat que, secrètement, silencieusement, il révèle »[1]. La rose sert ainsi « d'ouverture vers le passage. C'est une clé pour ouvrir la porte d'un autre monde et sa présence est indépendante de tout impératif narratif »[2]. Lil est une jeune femme extravagante vêtue de rouge dont la mission est de transmettre un code. Elle effectue furtivement une petite danse, composée de quelques gestes et d'une grimace, qui fait office de code à décrypter. Chaque détail a un sens propre à l'exception de la *Blue Rose* dont l'agent Chester Desmond ne peut rien révéler. Au même titre que le projet Blue Book, elle représente un des mystères les plus importants que renferme *Twin Peaks*. Dans la saison 3, elle constitue même le principal secret à éclaircir. Lorsqu'ils forment l'agent Preston, Albert et Gordon Cole la définissent comme une sorte de manière d'être au monde, une posture à adopter en rapport avec le monde parallèle et surnaturel qu'elle désigne. La quête de la rose bleue a cependant un prix, et en ce sens elle représente un danger : les principaux enquêteurs finissent par disparaître, de Chester Desmond à l'énigmatique Major Briggs.

Le motif de la rose apparaît rarement dans la série mais dans le film, outre la *Blue Rose*, il joue un rôle essentiel puisque ce n'est rien de moins qu'un nouvel accès à la *Red Room,* et donc à la *Black Lodge,* qui se dessine. En effet, Laura reçoit des mains du petit garçon portant un masque de Pierrot un tableau figurant une porte entrouverte au milieu d'une pièce dont les murs sont recouverts d'une tapisserie de roses qui mène directement, au détour de plusieurs couloirs, à la *Red*

---

[1] Pacôme Thiellement, *Trois essais sur Twin Peaks*, *op.cit*, p.39.
[2] *Ibid.*, p.57.

Room. Or, pour y accéder, il est communément admis que la seule entrée se situe au cœur du cercle des douze sycomores par lequel Cooper pénètre dans l'épisode 29 de la série. Mais n'est-ce pas à travers le tableau que Laura, comme aspirée par celui-ci, se retrouve dans la *Red Room* et y laisse son âme ? On pourrait ainsi postuler que non seulement tous les personnages qui se trouvent dans la *Red Room* y sont, à un moment donné, rentrés par un accès peut-être à chaque fois unique, mais que c'est leur double, leur doppelgänger, qui en ressort. La chambre de Laura pourrait constituer un lieu de passage. On retrouve en plus une rose clouée sur la porte, un dessin la représentant accroché au-dessus de son armoire, un jeu de lit recouvert de roses et un autre tableau de style classique où figurent aussi les fleurs. C'est un peu comme si la rose était le symbole ésotérique de ce passage vers le monde surnaturel de la *Red Room*. Étonnamment, dans le pilote de la série, qui se déroule quelques jours après ce mystérieux événement, la chambre change complètement d'aspect. Exit les tableaux et les roses, comme si une scène de crime, ou le lieu d'une cérémonie vaudou avait été nettoyé. Dans l'épisode 15 de la saison 3, on retrouve cet étrange lieu aux murs recouverts de roses lorsque le mauvais Cooper pénètre dans la *Black Lodge* à partir de la station essence. Plutôt que de se diriger vers la *Red Room* (logiquement, il s'agit du même endroit de passage !), il emprunte un long couloir obscur et un escalier qui le mèneront à Phillip Jeffries.

Toujours dans *Twin Peaks : Fire Walk with Me,* assortie à un bouquet de roses posé près de la table, la tapisserie fleurie recouvre également les murs de la salle à manger séparant la cuisine des Palmer et fait écho à la chambre de Laura. Là aussi, dans la série, cette tapisserie n'est plus filmée, et la topologie de la maison demeure incertaine et peut même se confondre avec celle des Hayward. Dans la saison 3, lorsque Hawk rend visite à Sarah Palmer (ou plutôt à son doppelgänger) après le tapage que celle-ci a provoqué à la supérette, du bruit se fait entendre dans la maison. Sarah explique alors que le son provient de la cuisine, là où justement se dessinait, dans le film, une entrée dans le mur tapissé de roses. S'agirait-il d'un nouvel accès vers les sas des différentes *Lodges* ? Il serait logique que la maison des Palmer possède une seconde ouverture vers la *Red Room* puisque Leland, l'hôte de Bob, y réside, même s'il affirme l'avoir rencontré durant son enfance dans la maison de ses grands-parents située sur les rives du lac d'une ville voisine. La maison des Palmer abrite des phénomènes étranges comme le passage au blanc des cheveux de Leland, les visions de Sara et de Maddie ou encore le meurtre de cette dernière. Dans l'épisode 14, un panoramique révèle l'étrange organisation intérieure du salon des Palmer : la pièce est vide en son centre et le mobilier placé contre les murs. Alors qu'ils écoutent un disque, la caméra montre les meubles et une espèce de branche d'arbre qui semble pousser dans un pot comme une plante normale. Est-ce une branche de sycomore ? Il semble que non. Peut-être est-elle liée à l'arbre qui parle de la *Red Room* ? Mike le manchot dit en tout cas, dans l'épisode 13, que seuls les damnés et les élus peuvent voir Bob. Pourquoi et de quelle manière les Palmer sont-ils damnés ? C'est l'un des grands mystères de *Twin Peaks*. À la fin de la saison 3, leur maison apparaît sur un écran de la *White Lodge* et Cooper y sera envoyé pour que Laura Palmer puisse se rappeler de son histoire et de son identité.

La tapisserie qui apparaît dans le tableau du petit garçon se retrouve également dans la *Red Room* du One Eyed Jacks, le tripot des frères Horne. Elle recouvre les murs des couloirs et des chambres de l'espace réservé à la prostitution géré par la bien nommée Blackie Rose. Des rideaux rouges sont présents un peu partout, ainsi que des sièges et des statues, exactement comme dans la *Red Room*. Lorsque Cooper et le shérif Truman s'y rendent pour délivrer Audrey Horne, ils s'y déplacent comme Cooper lorsqu'il se perd dans la *Red Room* à la fin de l'épisode 29. Rien n'indique pourtant que le One

Eyed Jacks dissimule un monde surnaturel. Il renvoie plutôt à un univers étrange et pervers tel qu'on en trouve dans *Blue Velvet,* où se rejoue un des tabous qui traverse toute l'œuvre de Lynch, sans parler de *Twin Peaks*, et qui fait office de *rosebud* : l'inceste. Benjamin Horne manque en effet presque de faire l'amour à sa propre fille, Audrey, qui, dans l'épisode 8 de la série, dissimule son visage derrière un masque qui n'est pas sans rappeler celui du petit garçon au tableau de *Fire Walk with Me*. Une étrange coïncidence renforcée par la présence d'une vieille femme bossue sortie de nulle part qui semble se cacher derrière les rideaux. Qui est-elle et d'où vient-elle ? Confère-t-elle à la *Red Room* du One Eyed Jacks une dimension surnaturelle ? Cela reste clairement un mystère — encore un — mais celui-ci pourrait tout simplement être immanent : la *Red Room* du tripot des frères Horne renvoie à l'enfer sur terre et, en ce sens, elle ne peut que ressembler à sa jumelle surnaturelle.

Fire Walk with Me : Missing Pieces, qui reprend 1h30 de scènes coupées au montage, présente, dans une séquence *a priori* banale mais au fond terrible, la face cachée du Docteur Hayward, le père de Donna. Celui-ci ne semblait jusqu'alors pas intéresser beaucoup David Lynch et Mark Frost. Il apparaît toujours sobrement à l'écran, loin d'être tourmenté par la fièvre qui enflamme la ville, et Laura, dans son journal, l'a toujours considéré comme un homme chaleureux et respectable dont elle ne voulait pas perdre l'estime[1]. La scène se déroule dans le salon des Hayward. Laura et Donna parlent de sexe dans le divan avant que cette dernière n'invite ses parents à les rejoindre. Le docteur Hayward arrive par-derrière et entame un tour de magie. Muni d'un foulard, il affirme vouloir faire apparaître une rose rouge mais échoue alors qu'il prétend avoir réussi à un autre endroit de la ville (?). Il s'assied alors dans le divan (il adresse au préalable à Laura un « Je

[1] Jennifer Lynch, *Le journal secret de Laura Palmer*, Paris, Éditions Pocket, 1990.

t'aime ») et trouve ce qu'il pense être une ordonnance mais qui est en réalité un message secret pour Laura. Celui-ci parle de l'arrivée d'un ange salvateur. En le lisant, le docteur Hayward prend la main de Laura, la baise, et la musique d'Angelo Badalamenti accompagne son geste. Laura tremble d'émotion et en quittant la pièce, elle embrasse le front du vieil homme, qui reste comme tourmenté dans un silence qui laisse croire qu'il cherche à protéger Laura du destin funeste qui l'attend. Ou bien est-ce la face libidineuse du docteur Hayward qui se trouve ici révélée ? Comme tous les autres, serait-il amoureux de Laura, attiré par la jeune femme et au courant de sa double vie ? La rose rouge qu'il ne parvient pas à faire apparaître est clairement un autre code que propose David Lynch au spectateur-exégète. Cette rose peut renvoyer à un *rosebud* qui serait à nouveau lié à l'inceste et à la perversion sexuelle. Il repose sur une fascination pour la jeune collégienne blonde innocente. Ce secret, ce *rosebud*, est scellé sous la forme d'un pacte silencieux unissant tous les personnages qui gravitent autour de Laura. C'est ce qu'il y a de plus horrible dans ce *Lynchtown* qu'est Twin Peaks et où l'ombre de Bob, finalement, n'occupe qu'un recoin maléfique.

Il faut encore évoquer un autre *rosebud* qui concerne l'agent Cooper, sa transfiguration et ce qui mènera à l'entrée de la *Black Lodge* dans les films suivants de David Lynch : l'assassinat de sa femme Caroline par Windom Earl qui est « sans doute l'une des scènes obsessionnelles, capitales, dans la vie de l'agent du FBI »[1]. Pacôme Thiellement décrit bien le processus à l'œuvre. Quand Cooper se perd dans la *Red Room* dans l'épisode 29, il revoit Caroline allongée au sol, « lorsque celle-ci se relève, Cooper se rend compte que ce n'est pas Caroline mais Annie, grièvement blessée et les yeux blancs. Elle sortira de la *Black Lodge* dans une petite robe à fleurs qui ne ressemble en rien à sa manière usuelle de s'habiller dans la série, ni à la robe qu'elle portait lors du concours Miss Twin

[1] Pacôme Thiellement, *Trois essais sur Twin Peaks*, *op.cit.*, p.117.

Peaks. (…) Cette petite robe à fleurs provient de la garde-robe de Caroline Earl. C'est donc en tant que double de Caroline qu'Annie ressort de la *Black Lodge*. (...) C'est en tant qu'elle remplace Caroline qu'Annie est l'instrument de la transformation de Cooper. (…) C'est un cycle de la souffrance qui marque la présence de la *Black Lodge* et qu'on retrouvera évidemment dans le cinéma ultérieur de David Lynch »[1]. Les fleurs qui ornent la robe d'Annie sont des roses, signe évident du *rosebud* de Cooper qui sacrifie son âme afin qu'elle puisse ressortir de la *Black Lodge*. Son *rosebud* le mène droit à sa perte. C'est ici que le David Lynch cinéaste laisse une part de lui-même dans la *Black Lodge*. Cooper, son inimitable double bienveillant et philanthrope, ressort de la *Red Room* avec Bob dont il sera l'hôte jusqu'à la fin de saison 3, soit 25 ans à l'échelle de l'histoire de *Twin Peaks*, 25 années à faire le mal sur les cendres d'un temps perdu et d'un *rosebud* brisant toute forme d'espoir jusqu'à devenir inopérant et disparaître. On n'entendra en effet plus parler d'Annie ni même de Caroline. Les temps ont changé pour Lynch, et son cinéma va se faire le relais de « cycles de la souffrance », la *Black Lodge* transformant le(s) monde(s) de David Lynch à son image.

Dans *Blue Velvet*, un parterre de roses rouges planté au pied d'une barrière blanche reproduisant le motif en zigzag cher à David Lynch accueille le spectateur. C'est une autre manière d'annoncer les découpages de l'espace à venir, et pas seulement dans le film mais aussi dans *Twin Peaks* dont *Blue Velvet* est une sorte de *prequel*. Si le parterre de fleurs devant une maison de banlieue est devenu un cliché des films américains (nous pourrions citer à nouveau ici *American Beauty*), Francis Ford Coppola, dans *Peggy Sue s'est mariée* (1986), l'utilise aussi en lien avec une poétique du *rosebud*. Comme chez Lynch, des roses rouges délimitent l'entrée de la maison d'enfance de Peggy Sue qui a remonté le temps et retrouvé ses parents jeunes ainsi que sa sœur dont elle s'est éloignée.

[1] *Ibid.*, pp.117-118.

Coppola, dans un élan mélodramatique qui fait sa marque de fabrique, souligne clairement le côté nostalgique et émotionnel de cette redécouverte. Il ne s'agit pas en soi d'un véritable *rosebud* puisque tout porte à croire que cette enfance fut heureuse et sans incidences. Idem pour les retrouvailles de Peggy Sue avec ses grands-parents. Un bouquet de roses trône dans le salon de leur maison. Il s'agit à nouveau de retrouvailles mélodramatiques qui tirent leur force de l'action de l'impitoyable temps qui passe et de la disparition des êtres chers, et non d'un *rosebud* tel que nous le décrivons. Coppola, comme on l'a vu à plusieurs reprises, entretient donc un rapport complexe avec l'héritage du *rosebud* qu'il prolonge ou, dans le cas *Peggy Sue s'est mariée*, auquel il confère plutôt un caractère proustien.

Sur cette poétique de l'espace, et même si ce ne sont pas toujours des roses qui apparaissent dans ses films, laissons Douglas Sirk conclure de la plus belle des manières : « On me demande pourquoi il y a tant de fleurs dans mes films. C'est parce que les maisons y sont des tombes, des mausolées. »[1]

---

[1]Patrick Holzapfel, « Full Bloom : Lilacs in Douglas Sirk's *Magnificent Obsession* » in *Mubi.com* (En ligne), 31 mai 2022.

II. Pornographie du *rosebud*

Avertissement :

Il est fortement déconseillé de regarder les vidéos des *rosebuds* dont nous allons parler. Celles-ci sont en effet choquantes et les descriptions que nous en donnons permettent de s'en faire une idée assez claire.

§ 1 : Au plus profond du gonzo

À la fin des années 2000, le cinéma pornographique a connu un tournant décisif avec la généralisation des *tubes* (*Youporn*, *Xvideos*, etc.) et le développement à l'échelle mondiale des connexions internet dans les foyers. Il s'en est suivi un bouleversement majeur : le porno, qui au XXe siècle et encore au début du XXIe générait des milliards de dollars de recettes à travers le monde, se voit obligé de repenser son modèle économique et esthétique. La consommation a progressivement glissé du cinéma à la télévision, de la télévision à l'ordinateur, pour aujourd'hui s'effectuer en grande partie sur les téléphones portables. Les cassettes VHS de contrebande enregistrées en cachette sur Canal + ont ainsi laissé place à un visionnage sans obstacles de vidéos gratuites accessibles en quelques clics sur les sites X spécialisés. Le spectateur — appelons-le toujours comme cela puisqu'il ne perd absolument pas ce statut — a accès à des millions de vidéos en tous genres, divisées en trois catégories : le soft du *hard* (les hommes sont hétéros et les actes sexuels sont montrés dans une certaine limite), le *hard* dur (incluant une diversité comme le bondage, les femmes mûres ou les transsexuels) et l'ultra-pornographique (SM dur, scatologie et autres perversités)[1]. Une fois la cassure et le piratage généralisé acceptés, le cinéma porno industriel a dû cohabiter définitivement avec des formes alternatives comme le gonzo, avec son économie minimaliste à la recherche de la plus grande authenticité possible, qui aujourd'hui domine la consommation des images en se focalisant directement sur l'action, ce qui permet d'offrir au spectateur un accès immédiat et sans fioritures à un large éventail de fantasmes.

[1] Claude-Jean Bertrand, Annie Baron-Cervais, *Introduction à la pornographie*, Paris, La Musardine, 2001, pp.38-39.

Depuis plus de vingt ans, le gonzo, dont les premières manifestations sont apparues dans les années septante[1], occupe le devant de la scène en devenant presque le genre pornographique par excellence, à la fois le plus commercial et le plus riche en possibilités.

Le gonzo se définit par trois caractéristiques indépendantes les unes des autres : « 1) l'absence de scénario (l'absence de mise en intrigue, la disparition du récit, les acteurs qui interagissent avec la caméra), 2) le peu de soin apporté à la mise en scène, aux cadrages, à l'éclairage (bref, le côté bas de gamme du produit), 3) la spécialisation fétichiste et l'escalade dans les pratiques dites extrêmes »[2]. Il va de soi qu'il a encore plus mauvaise réputation que le cinéma pornographique luxueux et « toléré » d'antan puisqu'il représente la dégénérescence du genre[3]. En effet, le gonzo et ses scènes autonomes de dix à cinquante minutes sont souvent assimilés à du sexe froid, cru et violent qu'aucune morale ne peut venir sauver. Ce constat s'accompagne du fait que les actrices sont, plus encore qu'auparavant, considérées comme des objets, et précisément comme des morceaux de viande, ce qui jette un trouble évident entre la réalité et la fiction[4]. La femme est alors devenue le centre d'une cause pour laquelle il faut se battre compte tenu des dégâts que peut provoquer la pratique du X sur les actrices qui ne sont pas préparées mentalement et physiquement. Inutile de revenir ici sur le travail important accompli par de nombreux courants féministes. Si elles ne s'imposent pas d'emblée comme de véritables *business women*, à l'image de certaines anciennes actrices américaines figurant dans la série documentaire *After Porn Ends*, ou de véritables exhibitionnistes conscientes de leur désir sexuel et de leurs fantasmes,

---

[1] Julien Servois, *Le cinéma pornographique*, Vrin, 2009, pp.70-74.

[2] Julien Servois, *op.cit*, pp.78-79.

[3] *Ibid.*, p.78

[4] Le documentaire *Hot Girls Wanted* de Jill Bauer et Ronna Gradus (2015) illustre parfaitement ce trouble et les difficultés pour les jeunes actrices à se fondre dans une carrière de *pornstar*.

elles peuvent correspondre à un stéréotype malheureux : « Toute travailleuse du X a souffert de viol, voire d'inceste ; elle fait ce métier forcée par la pauvreté, par un proxénète ou encore par la piètre opinion qu'on lui a donnée d'elle-même. Elle est infantile, financièrement irresponsable, déprimée ; elle se drogue, elle va se prostituer et œuvre parfois dans l'ultra-porno »[1]. Ce statut n'est pas le propre des actrices contemporaines forcées à apparaître dans un film gonzo pour faire carrière. Par exemple, on retrouve plusieurs similitudes dans l'autoportrait de Raffaëla Anderson, active dans les années 90 dans des productions parfois lourdes et qui n'hésitait pas à jouer dans des films où elle pratiquait le double fisting[2]. Le rapport qu'entretient le spectateur avec la pornographie et ses protagonistes est donc plus qu'ambigu et crée une nouvelle expérience cinématographique, dont la pratique du *rosebud* représente une forme extrême.

Il n'y aurait, dans le gonzo, aucune histoire et encore moins d'enjeux esthétiques. Nullité de scénario et absence de mise en scène pour un sexe cru et bestial, sans mystère, sans vérité. Il suffit de penser aux saynètes typiques du gonzo. Quand il y a une histoire — beaucoup de scènes s'ouvrent sur une ou des femme(s) déjà prête(s) à passer à l'action ou un sexe en érection — une femme, qui a généralement envie de se faire culbuter, satisfait sa pulsion avec le premier venu : le voisin, le livreur, le petit ami de sa fille (si elle est une MILF), l'ouvrier, etc. Le tout variant en fonction des genres et des fantasmes que la scène promet d'assouvir. Celle-ci porte au moins cette promesse et, malgré les grosses ficelles de la fiction et de la stimulation sexuelle, on ne peut pas nier qu'il ne se passe pas quelque chose de réel qui se matérialise dans le corps des acteurs et le regard du spectateur. Du vrai s'obtient à partir du faux, comme dans toute image, et le gonzo accentue

---

[1] Claude-Jean Bertrand, Annie Baron-Cervais, *Introduction à la pornographie*, op. cit, p.103.

[2] Raffaëla Anderson, *Hard*, Paris, Le Livre de Poche, 2003.

l'effet de réel et de transparence. Mais plus encore, il y a un « dépassement de la dualité entre narration et numéros au profit d'une expérience filmique continue, portée par le regard unique du sujet de l'expérience, qui ne signifie en aucun cas une disparition du récit mais sa transfiguration »[1]. Cette idée de transfiguration est importante. Pour étayer sa thèse, Julien Servois fait appel au père fondateur du gonzo, l'américain John Stagliano.

John Stagliano, alias Buttman, popularisa le gonzo à partir de la fin des années quatre-vingt. Véritable légende outre-Atlantique, Rocco Siffredi assure qu'il a « une passion sans bornes pour les culs » et que grâce à lui, il a « eu la possibilité de voir et de tester les plus beaux culs du monde »[2]. Les vidéos de Buttman sont réalisées avec de petites caméras portables. Elles adoptent toujours le principe de la focalisation interne — le P.O.V — qui constitue une marque de fabrique du gonzo. L'objectif de Buttman, qui est en même temps une obsession, est de posséder, le temps d'une scène, les plus beaux culs possibles. C'est un « malade » que rien ne peut arrêter, sinon la mort. John Stagliano se met ainsi en scène comme « un type fauché, humble, prêt à subir toutes les humiliations pour tourner ses films »[3]. C'est en ce sens qu'il y a une transfiguration du récit et non une disparition pure et simple : « Rien n'est plus mis en scène que l'expérience filmique de Buttman et cette mise en scène est au service du récit qui assume pleinement sa dimension fabulatrice »[4], comme le fait encore remarquer avec finesse Julien Servois. À la lumière de cet exemple déjà extrême en soi par son épure, qui témoigne d'une évolution esthétique et non d'une annihilation, l'univers

---

[1] Julien Servois, *op.cit*, p.81.

[2] Rocco Siffredi, *Rocco par Rocco*, Pascal Petiot Editions, 2006, p.66.

[3] Julien Servois, *op.cit*, p.82.

[4] *Ibid.*, p.88

d'autres *pornstars* et leur véritable marque de fabrique pourraient à leur tour être redécouverts.

Fondé en 1989 par Stagliano, Evil Angel produit et distribue du porno *hardcore* spécialisé entre autres dans le gonzo. Le label compte dans son catalogue, outre les *Buttman's*, les productions de Belladonna, Rocco Siffredi, Mike Adriano, Jay Sin, Manuel Ferrara, Jonni Darkko ou encore celles du duo LeeWood et, plus récemment, de Proxy Paige. C'est aujourd'hui un des labels les plus connus au monde avec Brazzers et Bang Bros. Chaque *pornstar* a son univers propre, tant de manière diégétique qu'esthétique. Belladonna a un penchant pour le *hardcore* plus ou moins violent tout en réalisant à côté les films lesbiens et fantaisistes de la franchise *Fetish fanatic*. Elle semble trouver son plaisir dans une certaine forme de porno *trash* (à l'instar de l'iconique Sasha Grey, qu'on retrouvera chez Steven Soderbergh ou, plus récemment, de Casey Calvert et Adriana Chechik, les nouvelles étoiles du porno *hardcore*). Au contraire de Manuel Ferrara, beau comme un demi dieu, baisant certes parfois durement mais comme un passionné, qui semble offrir à sa partenaire une expérience divine à des années-lumière de la misère du sexe avec des acteurs laids et repoussants (qui sont très nombreux dans le milieu). On ne présente plus Rocco Siffredi, « 1500 films, 5000 partenaires, 30 ans de carrière. Il fallait tout ça pour tenter d'épuiser le désir. Mais c'est raté, car son désir ne s'épuisera que dans la mort, pas la petite – aussi grande fut-elle dans une dernière mise en scène d'inspiration christique. La pornologie du tyran raconte l'histoire tragique de cet échec »[1]. Francesa Le s'est imposée comme une des MILF les plus en vogue du milieu. Adepte du *hardcore*, elle tourne dans des scènes de bukakake ou de partouze. Associée à Mark Wood sous leur propre label, elle se crée une nouvelle

---

[1] Anton Garreau, *« Rocco », pornologie du tyran* in *Le Rayon Vert* (en ligne), 15 janvier 2018.

image : celle d'une MILF perverse qui initie les jeunes femmes au sexe et séduit de jeunes hommes. Elle semble elle aussi insatiable, personne ne sait quand elle pourra s'arrêter. Mike Adriano, enfin, est un disciple du personnage de Buttman, mais en plus pervers encore. On peut le considérer comme le roi du P.O.V. car ses vidéos comptent parmi les plus célèbres et les plus visionnées sur les *tubes* depuis dix ans. Leur principe est simple : défoncer en sodomie les plus beaux culs possibles jusqu'au *gape* (le trou béant), qui représente le point culminant des scènes. Si Mike Adriano œuvre aussi dans le rapport vaginal et la fellation (toujours bien *sloppy*), il s'est spécialisé dans l'exploration de l'anus sous toutes ses coutures. Apparaissant régulièrement à l'écran, son visage devient familier et il n'hésite pas à mettre en scène son obsession à la fois perverse et fantasmatique. Au même titre que Buttman, il passe pour le débauché le plus chanceux du monde. Et comme Rocco, il semble damné et incapable de soigner son mal.

On pourrait formuler l'hypothèse que le gonzo est doté d'une grande diversité esthétique. D'une part, ce n'est pas un genre monochrome (voir les trois caractéristiques ci-dessus) et d'autre part, les *pornstars* qui s'en revendiquent inventent des formes à chaque fois singulières où elles se mettent en scène et inventent des récits spécifiques. Un immense travail reste à accomplir sur ce continent peu exploré. Pour commencer, il faudrait se mettre à l'écoute des films et ensuite comprendre ce qu'ils nous racontent, par-delà l'abjection morale qui doit cependant continuer à être dénoncée. Nous avons cité quelques exemples célèbres mais il en existe bien d'autres. Il suffit de se rendre sur certains sites spécialisés (*Teen Fidelity*, *Brazzers*, *Bang Bros*, etc.) ou sur les *tubes* pour trouver un duo de papys pervers s'enfilant de jeunes ados, des adeptes du *rimming* (homme comme femme) et, bien évidemment, ceux et celles qui vont nous intéresser en pratiquant une forme de fétichisme étrangement nommée le *rosebud*.

§ 2 : Jay Sin

Elles s'appellent Roxy Raye, Hotkinkyjo, Sheena Shaw (actrice fétiche de Buttman), Isabella Clark, Alysa Gap, Amy Brooke, Jayda Diamonde, Brittany Bardot, Chastity Lynn, Amber Rayne (qui s'est suicidée en 2016), Sarah Shevon, Bonnie Rotten, Proxy Page, Anita Hengher ou encore Kinky Niky. Elles ont toutes en commun le fait d'avoir tourné dans au moins un des 60 films de Jay Sin diffusés sous le label Evil Angel : les séries *Anal Acrobats*, *Pretty Sloppy*, *Cream Dreams*, *Gape Lover*, *Anal Buffet* et *Lil' Gaping Lesbians.* Dans ces films, les *pornstars* pratiquent ce qui a été appelé par les actrices elles-mêmes, non sans une certaine poésie, un *rosebud*, qui est en réalité « un prolapsus rectal – pour résumer, la paroi interne du rectum sort de votre anus, ce qui donne l'impression que votre trou du cul ressemble à une rose du désert »[1]. Roxy Raye, Hotkinkyjo ou Sheena Shaw en ont fait leur spécialité et c'est à elles qu'on doit les scènes les plus mémorables. La pratique du *rosebud* n'est pas un genre en soi, ou du moins il n'a pas encore été reconnu comme tel. Il n'y a pas de catégorie à son nom sur les *tubes* et le seul moyen d'en trouver est de taper le mot magique dans les moteurs de recherche. C'est dans le courant des années 2010 que Sheena Shaw a introduit la pratique dans le X grand public, entraînant avec elle les actrices précitées dans une série de films produits par Jay Sin. Cette pratique n'est pas sans danger pour les actrices qui sont prêtes à sacrifier leurs corps au nom de leur popularité, à l'image de Roxy Raye qui « ne se dit pas inquiète sur le long terme. Cela fait six ans qu'elle fait ça et elle est en parfaite santé »[2]. Pourtant, les risques sont bien réels, et même extrêmement dangereux, d'autant plus que

[1] Michelle Lhooq, « Le nom de la rose » sur *Vice.com* (en ligne), le 22 juin 2014.
[2] *Ibid.*

les actrices ne sont pas protégées juridiquement en cas de problèmes. Cela soulève une nouvelle fois des problématiques franchement révoltantes même si les actrices prétendent agir en toute conscience.

En réaction à l'article de Michelle Lhooq sur *Vice.com*, Mark Shrayber publie une réponse sur *Jezebel*, un site qui se présente comme féministe, où il condamne fermement le *rosebud* qui est « la pire chose qu'il ait pu voir dans le porno, pire encore que la scatologie, l'insertion de cônes ou le double fisting »[1]. Shrayber est tellement secoué qu'il lui donne même un nom : le « visage de la mort », *the Face of Death*. Selon lui, cette pratique émerge d'une part parce que les producteurs de X sont obligés de se singulariser pour gagner de l'argent dans une société où l'accès gratuit au porno sur les *tubes* détruit une industrie autrefois très rentable et, d'autre part, elle permet aux actrices de se distinguer et de gagner en popularité (et en argent). Il conclut son article d'une bien belle manière : « le *rosebud* aurait dû rester un traîneau » ! Dans un autre article publié sur *Dailydot.com*, EJ Dickson avertit qu'il ne faut pas oublier que les roses ont des épines[2] (et, pour vous lecteurs, elle suggère d'attendre 1h après votre repas avant de découvrir ce qu'est un *rosebud*…). D'abord parce que la pratique du *rosebud* représente un danger réel pour les actrices, mais elle répond aussi à une demande de niche qui en appelle à plus de violence et d'agressivité envers les femmes. Or, Dickson, dont l'article est récent, indique que la pratique du *rosebud* est très rare et non un mouvement en pleine expansion. Christian XXX, acteur porno, explique en effet que même après 10.000 rapports anaux, on n'est pas certain d'obtenir un prolapsus et que seulement cinq actrices en sont capables[3]. La rareté de

---

[1] Mark Shrayber, « Here's the Dangerous and Grotesque Anal Sex Trend You've Always Wanted » in *Jezebel.com* (en ligne), le 19 juin 2014.

[2] EJ Dickson, « Which came first: Rosebudding or the Internet ? » in *Dailydot.com* (en ligne), le 2 mars 2020.

[3] *Ibid.*

l'acte tient aussi de la peur de sanctions juridiques en cas d'infraction à la *Cambria List*, une liste d'actes sexuels à ne pas performer. La conclusion de Dickson rejoint celle de Shrayber : contribuer à la demande de *rosebuds* revient à soutenir une pornographie de niche à la fois violente, dangereuse et en accord avec les dérives d'une industrie qui cherche par tous les moyens à garder la tête hors de l'eau.

La pratique du *rosebud,* concrètement, dans son exercice, ne semble pas être imposée aux actrices, même si, en toile de fond et non sans risques, la course à la surenchère est devenue une loi dans l'industrie du X. Très peu d'actrices sont de toute façon capables de réaliser un *rosebud.* Ce qui élève l'acte au rang de mythe : « Lorsqu'une *pornstar* connue pratique ce genre de choses, ça devient légendaire auprès des fans de sexe anal extrême et les filles ont de plus en plus de demandes »[1] déclare Jay Sin. Un mythe devenu à la fois un fantasme et une forme de fétichisme. Certes, le plus troublant est que le *rosebud* est l'autre nom d'un problème médical (le prolapsus) et il est difficile d'imaginer sa transformation en fantasme. Surtout lorsque Sheena Shaw en personne affirme qu'il « a l'odeur du sang et le goût de la viande crue. Vous n'y êtes pas confronté visuellement mais ça vous touche au plus profond de vous-même »[2]. Où se situe la part de dégoût et de plaisir ? Il semble que les actrices y trouvent leur compte, soit d'un point de vue purement sexuel (à l'image des orgasmes frénétiques de Brittany Bardot ou Bonnie Rotten), soit parce qu'elles ont la possibilité de se différencier de la concurrence et de devenir des légendes du X. Si les génériques des films de Jay Sin remercient gracieusement les actrices, est-ce parce qu'elles ont effectivement affronté le « visage de la mort » ?

La plupart des scènes se déroulent entre filles, ou du moins elles commencent avec cette configuration avant qu'un homme n'arrive par la suite sans que cela ne soit systématique.

---

[1] Michelle Lhooq, *op.cit.*

[2] *Ibid.*

La violence masculine, courante dans le porno *hardcore* et liée à l'humiliation des femmes, est donc pourtant partiellement abandonnée au profit de la recherche d'une jouissance féminine par le biais de jeux anaux. Malheureusement, comme pour « rassurer » un public masculin de porno hétéro *hardcore*, les hommes ne disparaissent pas des films de Jay Sin, surtout dans la série *Anal Buffet*. Si la recherche du *rosebud* est à ranger dans le genre *hardcore* — et non dans l'*ultra-porn*, contrairement à ce que pense Mark Shrayber —, c'est tout de même la jouissance féminine qui est recherchée et filmée. Comment peut-on ne pas voir cela et affirmer que c'est moins choquant qu'une pratique comme la scatologie (nous n'en savons rien car nous n'avons pas été plus loin) ? Les chefs-d'œuvre du genre sont les scènes de Sheena Shaw et Amy Brooke dans *Cream Dreams 2* ; le trio Alysa Gap, Hotkinkyjo et Kinky Niky dans *Anal Acrobats #7,* ou la plupart des scènes de *Gape Lovers #6* et *#7,* et en particulier celles de Roxy Raye.

La prolifération des roses supplante la loi du *cumshot*. Est-ce aussi dégradant pour la femme ? Les féministes répondraient certainement par l'affirmative puisque sont exposés, comme dans un film hétéro, les orifices béants des actrices (et non ceux des hommes, à l'instar du cinéma SM ou du fist-fucking), et rien ne vient briser le cercle de la violence. S'agit-il aussi d'une autre forme de satisfaction d'un fantasme masculin et non féminin ? Personne ne peut le dire. On trouve quelques variations sur le thème du *rosebud* chez Mike Adriano, sauf que la vulgarité de ses films (hétéros), par le bourrage bestial des orifices féminins et les gros plans dénués de toute délicatesse, désacralise le côté mythique du *rosebud*. N'y a-t-il pas en effet quelque chose de sacré dans sa rareté ? Il constitue une prolongation de notre corps, une extension secrète, une légende devenue réalité. Chacun a le pouvoir de faire pousser une rose à l'extrémité de son corps dont c'est peut-être le secret le plus étonnant et le plus dangereux. Faut-il pour autant s'en effrayer ?

Bien évidemment, il n'est pas question d'aller jusqu'à la déchirure rectale. Mais pourquoi diaboliser ce qui reste un fantasme complexe — le sexe anal et ses variations — dont le *rosebud* représente la fleur du désert ?

Alors que le porno *hardcore* contemporain, et en particulier le gonzo violent, réduit la femme à un morceau de viande, osons affirmer que chez Jay Sin, les actrices retrouvent leur statut déchu de divinité ou de démon tel qu'on le conçoit depuis l'antiquité. L'exploration « de l'incommensurabilité du plaisir féminin qui l'accompagne par rapport à la norme phallique »[1] et le pouvoir de la femme sur le spectateur représentent l'objectif narratif des productions labellisées Jay Sin. Déjà à la préhistoire, on sculptait dans la pierre des vulves et, parmi les millions de tablettes que les Sumériens ont rédigées, au troisième millénaire avant J-C, nombreuses sont celles qui célèbrent le sexe, féminin en particulier, avant que cette tendance ne continue d'évoluer sous différentes formes à travers l'histoire jusqu'à nos jours[2]. De plus, « la mythologie et la littérature présentent parfois les femmes comme de redoutables amazones, des créatures sataniques, suscitant la crainte des hommes »[3]. Selon Pat Califa, « la femme dans la pornographie est une déesse triomphante, elle est la source mystérieuse de tous les plaisirs »[4]. Voilà ce que pourraient être les stars du *rosebud* : des amazones parfois démoniaques, à l'image de Hotkinkyjo ou Isabella Clark, qui possèdent un nouveau pouvoir sur les spectateurs — hommes et femmes, même si elles continuent à être humiliées dans le porno hétéro *hardcore*. Chez Jay Sin, toutes les femmes sont belles comme des déesses. Mais elles peuvent aussi ne pas correspondre à un canon de beauté, comme Donna Flowers (et son anus protubérant) qui gère le bien nommé site web *Dirtygardengirl*,

---

[1] Julien Servois, *op.cit*, pp.71-73.
[2] Claude-Jean Bertrand, Annie Baron-Cervais, *op.cit.*, pp. 46-69.
[3] *Ibid.*, p.124
[4] *Ibid.*, p.136, citée par Claude-Jean Bertrand et Annie Baron-Cervais

où figure régulièrement Hotkinkyjo dans les scènes les plus extrêmes de *rosebud* et de fist-fucking qu'il est possible de voir (et qui suscite un rare écœurement). Laissons la conclusion à Camille Paglia : « Ce que les féministes dénoncent comme l'humiliation de la femme rendue totalement accessible par la pornographie, c'est en fait son élévation au rang de grande prêtresse d'un jardin d'Éden païen »[1]. Le cinéma de Jay Sin comme un grand jardin d'Éden païen où de redoutables roses fleurissent aux yeux des spectateurs.

Cette confrontation avec le « visage de la mort » rappelle la rose encastrée dans le mur du *Jour du Fléau* de John Schlesinger, non seulement pour le plan final, mais aussi pour celui où la fissure s'étire pour laisser entrevoir les démons aux visages pâles et le chaos dans les rues de Los Angeles. C'est un peu comme si la rose sortait de l'anus béant du mur et libérait son plus puissant secret qui est celui d'apporter la mort dans le monde des vivants. Dans la série *Lil' Gaping Lesbians*, le mot *Lil* peut renvoyer — pourquoi pas ? — à la jeune Lil qui porte la rose bleue dans *Twin Peaks : Fire Walk With Me.* Bien sûr, le premier est utilisé en tant qu'adjectif et le second comme un nom propre, mais tous les deux renvoient à un secret gardé par une rose. Si la rose bleue définit une posture à adopter et une manière d'être au monde pour percer les mystères de *Twin Peaks*, il en va de même pour les actrices X qui doivent se plonger dans un monde fantasmatique où le *rosebud* s'impose comme le sommet de l'acte sexuel. Comment ne pas penser au générique de Saul Bass qui ouvre *Vertigo* ? Sa rose obsédante et magnétique hypnotise autant que celle qui fleurit du derrière des *pornstars*. Les roses des *pornstars* ressemblent aussi beaucoup à celles qui recouvrent la robe de Maggie Cheung dans *In the Mood for Love*. Toutes ces correspondances ne sont certainement pas le fruit du hasard.

---

[1] Pat Califa, *Vamps and Tramps*, New York, Vintage, 1994, p.66

§ 3 : Ne pas en revenir

Notre première rencontre avec un *rosebud* pornographique ne fut pas différente de celles évoquées plus haut par les rares commentateurs du phénomène. Elle s'est produite sur un site de location de films en lançant la bande-annonce d'un *Fetish Fanatic* qu'une de ces impressionnantes roses nous secoua comme rarement auparavant. En quelques secondes, la page était fermée et notre estomac retourné. La structure agressive de l'image théorisée par Noël Burch prend ici tout son sens. Il y a surtout dans cette vision quelque chose de bien plus marquant que tout ce que le porno *hardcore* grand public (celui qu'on retrouve sur les *tubes* et les labels comme Evil Angel) peut offrir habituellement. Elle diffère des images de sexe entre vieux, avec des obèses, des nains ou du bondage, ainsi que des horribles scènes d'humiliation où la femme est poussée dans ses derniers retranchements. Les unes attisent la curiosité, tandis que les autres éveillent la colère et le dégoût. Le *rosebud,* répétons-le, n'est pas non plus à ranger du côté des pratiques pathologiques de l'*ultra-porn* comme la scatologie, la torture ou la zoophilie, malgré son côté résolument *trash* et le « visage de la mort » qu'affichent les roses qui fleurissent dans le derrière de ses stars. Chez Jay Sin, le *rosebud* se mérite et suscite une forme de respect en apparaissant parfois quelques secondes à la fin de la séquence. Les déesses et les démons ensorcellent le spectateur. Comment le choc ressenti à la première vision peut-il susciter ensuite un intérêt sexuel et devenir un fantasme ? Il faudrait convoquer ici des mécanismes psychiques — ceux qui permettent de construire les fétichismes et les fantasmes — que nous laisserons aux spécialistes.

L'effet puissant que peut produire un *rosebud* est identique, à la fois sur les actrices et sur les spectateurs. D'une part, les *pornstars* peuvent être affectées psychologiquement ou, bien au contraire, s'approprier ce fantasme et se prêter à toutes les fantaisies possibles. D'autre part, les spectateurs peuvent eux aussi ne pas en revenir. Mais de manière réelle, pas comme lorsque Michel Chion dit que les spectateurs ébranlés et muets d'*Eraserhead* de David Lynch « une fois la salle rallumée, maintenant qu'ils ont vu le film, n'en reviendront plus »[1]. D'un *rosebud*, peu importe sa forme, on peut *vraiment* ne pas en revenir et rester coincé dans les images de manière bien plus complexe que dans un film de fiction qui lui peut, bien entendu, nous accompagner jusqu'à la fin de nos jours.

Nous en revenons à une idée qui traverse ce petit livre : tout *rosebud* circulant dans la nature constitue une forme de rencontre *négative*. Comme la morsure de Dracula, il peut nous consumer. Dans tous les cas, il nous met dans la même position que Kane, Scottie et tous les autres. Le spectateur vit vraiment quelque chose de similaire. Le secret destructeur et l'obsession affectent son mode d'être. La pratique sexuelle du *rosebud*, en plus d'être la forme ultime et extrême du phénomène, est un mystère clair : les parois de l'anus sont détendues et étirées pour ensuite pousser en forme de rose. Il n'y a rien de plus clair, de plus frontal et de plus évident que la manifestation de ce phénomène où la fascination se mêle à la répulsion. Or, il semble que le fantasme du *rosebud* ne pourra jamais s'incarner et devenir réel à cause de la grande difficulté d'en obtenir un. Pour les fétichistes, puisqu'il y en a, et les curieux, la jouissance ne pourra s'obtenir qu'à travers des images.

---

[1] Michel Chion, *David Lynch*, Paris, Cahiers du cinéma, 2001, pp.44-45.

§ 4 : Propriétés pornocinématographiques

Si une pornographie du *rosebud* invente ses propres codes de représentation au sein d'une économie visuelle singulière, comment se positionne-t-elle par rapport à la pornographie *mainstream* et sa visibilité de l'intime, voire son hyper-visibilité ? Dans « Le sexe froid », un texte célèbre publié dans le numéro 289 de juin 1978 des *Cahiers du cinéma*, Yann Lardeau montre que « c'est le cinéma lui-même, comme médium, qui est pornographique. Son être profond est d'être un art de la prostitution. Ce n'est pas le sexe qui est obscène mais, fondamentalement et au sens littéral du terme, le cinéma, *ob-scénité* — et c'est cette obscénité première, constitutive du médium, qui ressurgit dans le gros plan de sexe porno »[1]. Ainsi, dans le porno, « une chirurgie des corps, cette boucherie des sexes qui s'étale sur l'écran est à censurer parce que s'y extériorise en toute innocence cette obscénité ontologique du cinéma à l'œuvre dans tout film (seulement les autres genres cinématographiques ont toujours su la recouvrir par des artifices de mise en scène : densité de l'intrigue, décors, jeu des acteurs, etc.) »[2].

Matthieu Dubost, dans la conclusion de *La tentation pornographique*, ne dit pas autre chose : « la pornographie est l'ensemble des représentations d'une sexualité visible et prévisible répondant à la tentation inhérente à l'image cinématographique. La pornographie est donc d'abord pornocinématographique »[3]. La pornographie du *rosebud* ne se saurait pas se soustraire à l'ontologie du cinéma puisqu'elle est faite de la

[1] Yann Lardeau, « Le sexe froid » repris dans *Théories du cinéma*, Paris, Cahiers du cinéma, 2001, p.149.
[2] *Ibid.*, p.155.
[3] Matthieu Dubost, *La tentation pornographique*, Paris, Ellipses, 2006, p.119.

même matière, à savoir des images et des sons au réalisme sans précédent. Et, dans ce contexte, « par la captation photographique et animée, le réalisme cinématographique se présente comme la possibilité immédiate, grandiose et dangereuse, de manipuler le visible et l'humain. Telle est la tentation originelle du film »[1]. La pornographie du *rosebud* n'échappe pas à la coupure propre à la pornographie « qui en réalité se sépare du monde, en raison même de son souci d'évidence immédiate. La pornographie découpe, abstrait et désarticule »[2]. Dans la relation des corps entre eux, elle ne peut surmonter ce principe : « La pornographie consiste dès lors en une mise à disposition de l'autre, dans la vulnérabilité de son intimité sexuelle, par et dans l'image filmique »[3]. Matthieu Dubost introduit enfin une distinction entre deux formes de *mimesis*. L'une inévitable, la photographique, et une autre, stylistique, qui offre un choix au réalisateur et lui permet de ne pas céder à la tentation originelle de l'image cinématographique qui réifie les êtres et les choses[4]. Le porno, de par son hyper-visibilité qui ne laisse aucune place au mystère et à la surprise, serait le genre où cette réduction est la plus forte et la plus dangereuse.

Ces quelques propriétés de la pornographie sont indiscutables. Pourtant, en analysant plus en détail la possibilité d'une pornographie du *rosebud*, si singulière dans sa manifestation et ses codes, il est possible de mettre à l'épreuve certaines thèses non-ontologiques développées par Matthieu Dubost (dont le livre fait office de référence). Tout d'abord, est-ce que la pornographie du *rosebud* ne viendrait pas rompre le « pacte pornographique »[5] qui unit le spectateur aux promesses du genre ? Car en proposant cette rose qui a le visage de la mort,

---

[1] *Ibid.*, p.84.
[2] *Ibid.*, p.34.
[3] *Ibid.*, p.75.
[4] *Ibid.*, pp.107-108.
[5] *Ibid.*, p.63.

c'est une bien mauvaise surprise qui secoue pour la première fois celui qui la découvre. On ne peut pas affirmer noir sur blanc, comme le fait Dubost, que « la pornographie est donc sans surprise »[1] ni qu'elle apparaît comme « l'ensemble des images cinématographiques d'une sexualité univoque, sans secret ni mystère, et totalement visible à l'écran »[2]. Le problème vient du fait qu'un *rosebud* repousse encore plus loin les limites de la visibilité en montrant un des plus insoupçonnables mystères du corps. Cette révélation n'altère en rien la logique d'hyper-visibilité propre à la pornographie : bien au contraire, elle semble même parachever son œuvre. C'était le dernier des secrets du corps que même les spéculums et les petites caméras envoyées en mission dans les orifices féminins n'avaient pas encore révélé. Filmer un *rosebud* revient à céder aux maléfices de la tentation originelle de l'image cinématographique. Mais il ne peut pas en être autrement puisque c'est dans la nature même du *rosebud* d'être un processus immanent négatif. C'est un mystère clair, pour reprendre, encore et toujours, l'idée de Poe. Ni tout blanc, ni tout noir ; toujours imprévisible, toujours irréductible à des catégories fixées par l'entendement. Le « pacte pornographique » repose sur la figure du même et de l'identique, tout doit se répéter confortablement, encore et encore : « Cinéma du visible, la pornographie fait l'apologie de l'absolument prévisible »[3]. Un *rosebud* ne peut que briser ce pacte classique, aussi bien attendu que construit sur une certaine stabilité intersubjective, avant qu'un autre ne se rétablisse avec tous ceux qui auront dépassé la sidération et découvert un nouveau fantasme[4]. Dans ce cas alors le *rosebud* constituera la

---

[1] *Ibid.*, p.65.

[2] *Ibid.*, p.19.

[3] *Ibid.*, pp.62-63.

[4] Il existe par exemple un forum intitulé « Rosebuttboard - Extreme Anal Dilation And Anal Fisting », qui étrangement n'utilise pas le mot *rosebud*, où figure sur sa page d'accueil une photo de Hotkinkyjo et d'un gigantesque god. Des centaines d'internautes y échangent avec

promesse fondamentale d'un nouveau contrat basé sur la révélation d'un mystère clair. Cette révélation n'est-elle pas différente des codes du cinéma porno *mainstream* ? Sa puissance de sidération ne domine-t-elle pas un spectateur déconcerté qui ne retrouve plus ses repères ?

Ces questions nous mènent inévitablement sur le terrain de la morale. Celle-ci, comme on l'a vu plus haut, est inhérente aux thèses de Matthieu Dubost. Plus généralement, il affirme justement, sous l'influence d'Emmanuel Levinas, que « la pornographie oriente l'image vers ce qu'elle peut avoir de plus dangereux et d'inhumain. Laissée à elle-même, la photo est avant tout réification du vivant, réduction de celui-ci à du manipulable. (...) Elle est la matière la plus neutre qui soit. C'est pourquoi elle devient possibilité de manipulation, d'instrumentalisation de l'apparence humaine, jusqu'à lui substituer un fantôme désincarné »[1].

Une nouvelle fois, nous faisons face à une sorte de contradiction. D'une part, cette réification des corps humains est évidente dans la pornographie du *rosebud* : leur instrumentalisation s'avère même extrême au vu des prouesses réalisées par les *pornstars* acrobates. D'autre part pourtant, ces actrices, on l'a vu, bénéficient d'un statut transcendant, à la fois déesses et démons. C'est un cinéma principalement lesbien (du moins dans les scènes les plus connues chez Jay Sin) qui se passe de la domination masculine pour entretenir un rapport plus spécifique avec le spectateur. En dévoilant leur *rosebud*, les acrobates reprennent en main le pouvoir de la représentation qui ne dépend plus que d'elles-mêmes. Bien sûr, on pourra avancer que le regard du spectateur instrumentalise et réifie leurs corps. Mais cet acte de révélation dépasse la simple jouissance. Il y a quelque chose de plus mystérieux et de transcendant dans cet acte si rare. Une rose qui soudainement fleurit n'a pas la même signification que les

---

passion autour de leurs fantasmes.

[1] *Ibid.*, p.123.

trous béants montrés avec tant d'aberration dans le gonzo hardcore. Dans les trous béants des *pornstars*, il n'y a rien à voir et les corps sont effectivement soumis et dominés pour révéler du néant. La rose pornographique a quant à elle au moins un visage, celui de la mort. Il se passe alors *quelque chose* entre celui-ci et le spectateur, qui tourne souvent mal, car personne ne voudrait réellement voir ces roses. Une autre propriété bien connue du cinéma pornographique peut maintenant être abordée : celle de la mort au travail. Si elle est déjà propre au cinéma classique qui embaume lui aussi les corps et immortalise des fragments temporels, la pornographie en accentue le principe. « L'ennui ou la fascination se troublent alors par la découverte de l'ignoble. Non pas l'écœurement du désir assouvi mais l'imprévisible irruption d'un corps repoussant parce que trop vieux, trop laid, dévoilant des fesses boutonneuses ou un bas-ventre meurtri par plusieurs opérations chirurgicales.(...) Par un brusque renversement d'attrait, le corps passe soudain dans le registre rédhibitoire de l'examen gynécologique. Assurément, c'est la mort au travail qui s'offre à nous, avec la nonchalance et l'impudeur d'une charogne abandonnée depuis longtemps au bord d'un fossé. Mais la conquête de la grâce est parfois au prix de cette singulière autopsie »[1]. Dans cette optique, le *rosebud*, si on veut bien lui accorder le nom de « visage de la mort », parachève ce dessein de la manière la plus surprenante et malfaisante qui soit.

À la fin de son éloge de la pornographie, Olivier Smolders s'intéresse à la question de sa visibilité en concluant son essai d'une manière complexe : « Rasage. La perte de la pilosité comme la perte du dernier vêtement, du dernier rempart de la nudité. Là où soudain le corps s'offre vraiment nu, glissant, lisse comme un savon. Après cela, il n'y aurait plus qu'à enlever la peau, écarter les muscles, ouvrir les chairs. Mais

[1] Olivier Smolders, *Éloge de la pornographie*, Éditions Yellow Now, 1992, pp.52-53.

hélas la pornographie ne s'y résout jamais. (…) Elle se heurte à nouveau au culte aliénant du secret. Aucun pornographe n'ayant encore eu, à notre connaissance, le talent de la chirurgie. »[1]

À l'époque où le livre est sorti, le gonzo tel qu'on le connaît aujourd'hui, avec ses codes (rasage, P.O.V., uniformité des sexes, etc.) et ses instruments empruntés à la gynécologie (spéculum, mini-caméras...), n'existait pas encore sous sa forme barbare même si de nombreuses pratiques étaient déjà courantes dans le porno *mainstream* et amateur. Pourtant, Smolders pose une question difficile que seule une pornographie du *rosebud* a semble-t-il en partie résolue : celle de la visibilité du corps en tant que pure chair. On pense ici à la phénoménologie de Sartre, mais pour dire quoi ? Smolders parle comme nous d'un secret, qui est celui que renferme tautologiquement un *rosebud* qui dépasse la simple représentation du corps et de ses limites. Il renvoie le corps à sa propre *vérité* et accorde un nouveau statut à la pornographie qui ne peut pas être sans surprise ni ne rien montrer dans sa supposée hypervisibilité. C'est en ce sens que l'irréductible *rosebud* du corps humain est le dernier des secrets du corps, et qu'à partir de là un nouveau pacte peut se forger avec le spectateur et le trouble s'installer. Or, Smolders ne soupçonne pas l'existence d'une telle rose gorgée de sang. Sa définition de la pornographie, assez proche de celle de Yann Lardeau et Matthieu Dubost, demeure au final assez classique : « Si le cinéma est par excellence l'art de voir, la pornographie est le plus cinématographique de tous les cinémas, celui-là même qui fonde cette passion dévorante de l'œil, celui qui se propose enfin de tout montrer, de tout voir, au risque de montrer aussi qu'il n'y a rien à voir »[2]. En citant Roland Barthes, Smolders ajoute que « dans la pornographie, il n'y a aucun secret du corps à quérir,

---

[1]*Ibid.*, pp.57-58.
[2] *Ibid.*, p.12.

mais seulement une pratique à accomplir. (…) La pornographie est matérialiste, en ce qu'elle substitue au langage du secret celui de la pratique : ce qui met un terme à la scène, ce n'est pas le dévoilement de la vérité (le sexe), c'est la jouissance »[1]. On voit bien comment une pornographie du *rosebud* reformule cette équation et inverse les termes. Il y a d'abord le secret qui se trouve révélé, et donc un dévoilement, qui met ensuite fin à la scène : la rose est ainsi présentée comme l'objet final de la jouissance. Un *rosebud* partage ainsi les propriétés élémentaires du cinéma mais invente en même temps quelque chose de nouveau qui est spécifiquement pornographique, car seul le pornographe a l'idée saugrenue de montrer au spectateur cet ultime secret du corps.

Accordons néanmoins à David Cronenberg un goût pour la chirurgie des corps et le mystère de la chair, comme le rappelle Fabien Demangeot dans son essai sur le cinéaste canadien[2]. Ce livre montre très bien comment le cinéma de Cronenberg entretient des connexions organiques avec les sous-genres du cinéma d'horreur et surtout ceux de la pornographie, de la scatophilie à l'émétophilie, en passant par le bukkake, le fist-fucking ou le hentai. Son attrait pour la chair et le sang, ainsi que pour l'exploration de toutes les bizarreries corporelles (comme en témoignent les aventures des deux jumeaux gynécologues de *Faux-semblants*, son film ultime), ne le rendrait sans doute pas insensible au *rosebud* pornographique. David Cronenberg n'est cependant pas un cinéaste du secret. C'est donc logique de ne pas retrouver (encore ?) sa trace puisque la matière et les corps, dont il étale leur visibilité, n'ont (presque) plus de secret pour lui.

---

[1] *Ibid.*, pp.32-33.

[2] Fabien Demangeot, *La transgression selon David Cronenberg*, Paris, Playlist Society, 2021.

§ 5 : Une sale histoire

Un *rosebud*, comme nous l'avons montré, est d'abord un événement et un processus qui inclut aussi une théorie du regard et de la réception spectatorielle. On peut le comparer à un autre processus, plus connu celui-là, qui est le trou dans la porte des toilettes du café d'*Une sale histoire* de Jean Eustache. Par bien des aspects, il est proche d'une pornographie du *rosebud*, à condition bien sûr de remplacer le sexe féminin par l'anus. Même si les conditions physiques de la découverte de l'expérience sont différentes — se coucher dans les toilettes chez Eustache, allumer son écran pour un amateur de *rosebuds* —, la puissance de fascination qu'exerce le trou sur celui qui regarde à travers lui est la même, et surtout il est question d'effectuer un même processus : l'humiliation comme moyen de rencontrer une *forme*[1] qui à la fois peut fasciner et révulser. Si celui ou celle qui décide de se masturber se met généralement dans la position la plus confortable pour profiter de la jouissance, il choisit bel et bien une position, une posture, où il accepte d'une certaine manière une forme d'humiliation. Celle-ci ne pouvait évidemment pas être pensée en 1977 lorsque Jean Eustache tourna son film. L'écran, pour celui qui regarde, correspond à un cache qui fonctionne comme un trou sélectionnant du visible et excluant de l'invisible, et c'est seulement peut-être ici qu'une pornographie du *rosebud* développe des propriétés purement cinématographiques. C'est juste que plus de quarante ans après, le cadre et le dispositif ont changé. On pourrait avancer que la sacro-sainte « position de la prière musulmane » d'*Une sale histoire* n'est plus nécessaire avec la

---

[1] Laurent De Sutter utilise ce concept de forme pour décrire ce que nous avons appelé « événement ». Voir par exemple Laurent De Sutter, *Théorie du trou*, Paris, Léo Scheer, 2013, pp.48-50.

démultiplication contemporaine des écrans et l'accès immédiat aux images. L'expérience, quant à elle, demeure la même, et même devant un écran, celui qui regarde choisit de s'abaisser plus bas que terre pour contempler les roses. Et que personne ne le surprenne, sous peine de voir l'humiliation révélée au grand jour ! Il n'est pas bien grave de regarder de la pornographie *mainstream*, il n'y a même rien d'humiliant, donc rien qui nous concerne vraiment ici. En revanche, personne ne voudrait qu'on découvre son fétichisme. Toutes ses formes ont-elles la même intensité qu'un *rosebud* et que le voyeurisme raconté par *Une sale histoire* ?

C'est sur ce point que Laurent De Sutter, dans *Théorie du trou*, accorde étrangement une valeur de vérité première au trou de Jean Eustache plutôt que d'en faire un phénomène intense comme un autre — une « bonne » ou une « mauvaise rencontre ». Sa théorie est certes séduisante et stimulante. En tant que *premier moteur* du monde, et suite au fait que le café, comme le dit le narrateur, a été construit pour donner accès à cette porte, « le trou est le principe d'organisation du monde, aussi bien du point de vue de la cosmographie que celui de la cosmogénèse. Le monde ne fait pas que tourner autour du trou : c'était le trou lui-même qui était à l'origine du monde — comme dans le tableau de Courbet »[1]. Il s'agit là « de la volonté d'une forme sans volonté » qui confronte le narrateur de l'histoire à une vérité agnostique : une vérité où il est impossible de vivre, où il est impossible de supporter le spectacle sans devenir fou[2]. Dès lors, « sans un spectateur pour accepter l'épreuve de l'humiliation imposée par le trou, la vérité du monde demeurerait un secret, ignoré de tous »[3]. Mais cette vérité du monde, « cette vérité du court-circuit œil-sexe, était une vérité qui, malgré le gain qu'elle constituait, ne pouvait être supportée longtemps. À un moment donné, il fallait sortir du

---

[1] Laurent De Sutter, *Théorie du trou*, *op.cit*, pp.47-48.
[2] *Ibid.*, p.102 & 71.
[3] *Ibid.*, p.63.

café, quitter le trou, abandonner la vérité, pour se replier *sur* la normalité (première version), ou *vers* la normalité (seconde version) »[1]. Ainsi, vivre dans la normalité, en opposition à la vérité, consiste à vivre en dehors du trou. C'est rendu possible grâce à la *frime*[2]. De Sutter prend un peu de recul pour éviter de postuler une dichotomie trop importante en affirmant que « la vérité n'est pas importante, elle n'est qu'un détour par les toilettes »[3] : on s'en préserve grâce à la frime et par le fait qu'elle ne peut que mener à la folie.

Le *rosebud*, tel qu'il existe dans sa forme pornographique, place celui qui le regarde dans des conditions similaires. Il est évident que ce mystère clair d'apparence caché se différencie de la frime et d'une certaine manière d'exister dans la normalité. Mais on ne peut suivre que partiellement De Sutter lorsqu'il dit que « dès lors que le trou n'est qu'une forme, et que celle-ci suscite aussi bien l'éthique de sa jouissance que l'inesthétique de sa honte, cette forme est la seule chose qui importe vraiment »[4]. Il est tentant en effet d'octroyer au *rosebud* une telle valeur de vérité mais il faut lui soustraire ce supplément métaphysique car il n'y a pas une forme supérieure à d'autres : seulement un ensemble de formes, sans hiérarchie ni ordre, qui produisent chacune leurs effets, et dont le *rosebud* est une expression parmi d'autres à découvrir dans une quête de jouissance insatiable et éphémère.

Contrairement à ce que disent les narrateurs d'*Une sale histoire*, le trou ne peut pas bouleverser toutes les hiérarchies parce qu'il n'y en a pas[5]. De Sutter dit d'ailleurs assez bien que « le monde, pour Eustache, est un espace hanté par des formes plus fortes que toutes les forces, et des formes susceptibles de contraindre les individus au plus bas »[6]. C'est

[1] *Ibid.*, p.70.
[2] *Ibid.*, p.80.
[3] *Ibid.*, p.91.
[4] *Ibid.*, p.97.
[5] *Ibid.*, p.61.
[6] *Ibid.*, p.48.

exactement ce qu'est un *rosebud*, pornographique ou non. Les deux narrateurs successifs d'*Une sale histoire*, Michael Lonsdale et Jean-Noël Picq, décrivent d'ailleurs un Paris *caché* et méconnu composé d'un ensemble de lieux semblables au café où se déroule l'histoire du trou, telle une cartographie où peuvent s'expérimenter différents événements à l'intensité variable et aux conditions à chaque fois singulières. Aujourd'hui et depuis l'arrivée de la pornographie (et le développement de son accessibilité), cette topologie n'existe peut-être plus. Ceux qui veulent regarder se contentent désormais des écrans qui remplissent le même rôle que le trou dans la construction de la porte de la toilette.

Ce qui compte le plus dans *Une sale histoire* est le trou en tant que condition de possibilité d'un regard et d'une jouissance, et non l'expérience elle-même comme principe premier et lieu d'une vérité de laquelle il faut se détourner pour continuer à vivre. Tous les trous existants et en activité ont la même valeur comme tous les écrans offrent à ceux qui regardent la possibilité de jouir. Certes, l'expérience qu'ils proposent est le contraire de la frime mais c'est le cas de toute expérimentation de la jouissance, peu importe son objet. La relation œil-sexe n'est pas première ou plus intense qu'une autre. Pensons par exemple à un(e) fétichiste des pieds pour qui existent différents moyens de satisfaire son désir — chaussures, bas, vidéos x voire même une planque quelque part qui permet d'observer ? — ou à un amateur de femmes mûres. Le désir ne cesse d'inventer des formes pour être expérimenté ou satisfait. On ne peut pas s'aligner sur l'hypothèse des narrateurs d'*Une sale histoire* lorsqu'ils disent que « depuis quatre mille ans, on avait été complètement couillonnés : c'était le sexe — et le reste ne comptait pas ».

Là où par contre il est possible de suivre De Sutter à la suite de Jean Eustache, c'est en adjoignant une éthique de l'humiliation à notre théorie de la réception. Une nouvelle fois, ce n'est pas la vérité qui compte mais le processus, la posture.

Pour voir, il faut accepter de s'humilier, et plus que jamais dans une pornographie du *rosebud*. « Comme pour le narrateur, le spectateur du film est un spectateur requis de s'humilier devant une forme, afin de pouvoir accéder à la connaissance et à sa jouissance. Il doit humilier sa vision en se contentant d'une narration pour pouvoir passer par le trou de l'écran, et comprendre enfin la vérité dont il y est question »[1]. Par une étrange pirouette à nouveau, De Sutter affirme dans le même mouvement que le cinéma ne montre rien, qu'il est un *art bouché* et qu'il échoue à montrer. On ne peut pas le suivre ici même si son argumentation peut tenir dans le cadre strict du récit d'*Une sale histoire*. « Voir un film, c'est, en quelque sorte, descendre en enfer, à la manière d'Orphée partant à la recherche d'Eurydice pour mieux la perdre au moment où il la retrouve »[2].

C'est bien sûr exagéré, sauf dans le cas d'une pornographie du *rosebud* où se présente le « visage de la mort » ? Cela pourrait être l'expérience ultime, mais d'autres images, plus inimaginables encore, peuvent revêtir ce statut. Elles sont là, dispersées sur la toile et dans le Dark Web, ce grand rhizome électronique qui remplace la topologie des villes et des premières formes d'accès à la jouissance. Pour y accéder, il faut clairement accepter de s'humilier le temps d'une jouissance programmée. Car combien de gens ne se sentent pas quelques instants sales une fois leur fantasme assouvi, et se jurent de ne plus recommencer avant la prochaine fois ? L'humiliation et la saleté accompagnent ceux qui ont été pris au piège par un *rosebud* ou toute autre forme de désir. Il a sans doute été question ici de voyeurisme, de perversité et de fétichisme mais nous préférons les regrouper sous la coupe du désir et de ses formes infinies d'expérimentation.

---

[1] *Ibid.*, p.52.
[2] *Ibid.*, p.53.

§ 6 : L'écran comme une vitre

Le *rosebud* est donc une *forme*, ou un événement, ou encore un processus. Lorsqu'un amateur de pornographie en découvre un, dans quelle posture se trouve-t-il ? Et surtout comment regarde-t-il ces images ? L'écran est un cache pour l'œil qui y voit comme à travers une serrure ou le trou d'une porte. Et si on part du point de vue du spectateur, celui-ci ne peut pas se projeter dans un film pornographique de la même manière que dans un film normal : il ne va rien trouver sur lui-même, rien qui puisse stimuler son imaginaire, son romantisme ou ses engagements[1]. Pourtant, s'il y a bien un code qu'aiment briser les pornographes, c'est bien celui du quatrième mur en faisant du regard caméra un procédé courant, voire même une norme. Si cette technique a été déterminante lors de l'apparition de la modernité cinématographique avec *Monika* d'Ingmar Bergman ou *À bout de souffle* de Jean-Luc Godard, puis rendue complètement désuète par un usage maniéré et pseudo-décalé, elle est donc devenue essentielle dans le cinéma pornographique. Elle sert au moins à deux choses. D'une part à interagir avec le spectateur et, d'autre part, à montrer *quand même* quelque chose, jusqu'à « la parfaite harmonie des partenaires qui, à la fin de leurs accouplements, se congratulent mutuellement, avec une cordialité qui fait plaisir à voir, de la parfaite réussite de leurs ébats amoureux »[2]. Pourquoi les actrices ne cessent-elles pas de s'adresser au spectateur et de bien exprimer face à la caméra le réel ou hypothétique plaisir qu'elles prennent durant la scène ? De manière générale, c'est leur plaisir (ou leur douleur, c'est selon…) que la caméra cherche à capter afin de

[1] Voir à nouveau les quelques pages que consacre Olivier Smolders à cette dichotomie.

[2] Olivier Smolders, *op.cit.*, p.41.

stimuler le plaisir du spectateur. Dans le gonzo, un prologue filmé sous la forme d'une interview préface très souvent les ébats sexuels, là aussi dans le but d'éveiller la libido du spectateur pour un corps qui va bientôt s'offrir à lui — c'est encore à ce moment-là que l'imagination peut « concevoir mille projets romanesques pour la sauver »[1]. Chez les pires artisans du gonzo, tel Mike Adriano, l'adresse au spectateur est presque toujours liée à une forme de violence masculine qui étale son arsenal gynécologique : ce sont ici les orifices béants qui nous regardent. Dans la pornographie du *rosebud*, les actrices recourent aux mêmes techniques pour montrer fièrement au spectateur leur rose qui a fleuri. Il ne peut pas en être autrement car il s'agit d'un processus de révélation nécessitant un travail physique, à une ou plusieurs, l'usage de gros plans et, le plus souvent, d'un regard caméra pour immortaliser le moment.

En pornographie, parce qu'il n'y a pas grand-chose à voir ni suffisamment de matière pour se projeter, l'écran fonctionne peut-être plus comme une vitre. « Le spectateur trouve l'occasion de prendre l'écran tantôt pour un étrange miroir tantôt pour une vitre transparente derrière laquelle il est artificiellement confiné. (...) Ces entrelacs savants de regards éperdus fonctionnent vraiment comme une machine infernale, imprévisible et magnifique. Isolés, fragiles, perdus que nous sommes dans le film pornographique comme dans le Palais des glaces d'une fête foraine »[2]. Il y a ici deux choses. On peut donc d'abord considérer les films pornographiques comme un ensemble de vitrines parmi lesquelles le spectateur déambule, exactement comme dans un zoo, avec la curiosité non feinte de celui qui scrute la bestialité des ébats sexuels. Il est impossible d'écarter cette lecture morale. Mais qu'en est-il de l'idée de miroir ? Il y a peut-être ici une contradiction dans les développements d'Olivier Smolders, à moins de considérer le

---

[1] *Ibid.*, p.53.
[2] *Ibid.*, pp. 27-28.

palais des glaces comme un ensemble de reflets se déployant à l'infini, exactement comme dans le final de *La Dame de Shanghai* d'Orson Welles ou dans une célèbre séquence d'*Inception* de Christopher Nolan, rendant ainsi caduque l'identification au profit du mystère de l'infinité. Mais en quoi cela concerne le cinéma pornographique et plus encore une pornographie du *rosebud*, qui se fondent sur l'interpellation d'un regard (celui du spectateur) par un autre (celui de l'actrice) ? Il est difficile de répondre et l'hypothèse de l'écran comme une vitre semble beaucoup plus adéquate. Le spectateur sera libre de regarder ou non ce qu'on veut lui montrer, juste devant ses yeux.

§ : Nos *rosebuds*, ou comment ne pas conclure

Ce livre avait en pointe de mire nos secrets à tous et leurs différentes formes. Le cinéma invente au départ de la vie puis y retourne, et bien souvent le spectateur se retrouve confronté à ses propres blessures : les *rosebuds* existent, ce n'est pas que du cinéma. Et combien l'emportent avec eux dans leur tombe, par fierté, honte ou refus de se dévoiler et de se soigner ? Combien s'en retrouvent décimés ? Combien finissent par être pris au piège ? Les *rosebuds* dissimulent toute une poétique de la vie à laquelle nous participons tous puisqu'ils existent au moins dans notre tête, toujours en mouvement, et dans les choix que nous pouvons faire au quotidien. Il est bien difficile d'en finir avec eux.

Remerciements

Sébastien Barbion, Thibaut Grégoire, Saad Chakali et Alexia Roux, David Fonseca et les Éditions l'Harmattan pour leur confiance.

Structures éditoriales du groupe L'Harmattan

L'Harmattan Italie
Via degli Artisti, 15
10124 Torino
harmattan.italia@gmail.com

L'Harmattan Hongrie
Kossuth l. u. 14-16.
1053 Budapest
harmattan@harmattan.hu

L'Harmattan Sénégal
10 VDN en face Mermoz
BP 45034 Dakar-Fann
senharmattan@gmail.com

L'Harmattan Cameroun
TSINGA/FECAFOOT
BP 11486 Yaoundé
inkoukam@gmail.com

L'Harmattan Burkina Faso
Achille Somé – tengnule@hotmail.fr

L'Harmattan Guinée
Almamya, rue KA 028 OKB Agency
BP 3470 Conakry
harmattanguinee@yahoo.fr

L'Harmattan RDC
185, avenue Nyangwe
Commune de Lingwala – Kinshasa
matangilamusadila@yahoo.fr

L'Harmattan Congo
219, avenue Nelson Mandela
BP 2874 Brazzaville
harmattan.congo@yahoo.fr

L'Harmattan Mali
ACI 2000 - Immeuble Mgr Jean Marie Cisse
Bureau 10
BP 145 Bamako-Mali
mali@harmattan.fr

L'Harmattan Togo
Djidjole – Lomé
Maison Amela
face EPP BATOME
ddamela@aol.com

L'Harmattan Côte d'Ivoire
Résidence Karl – Cité des Arts
Abidjan-Cocody
03 BP 1588 Abidjan
espace_harmattan.ci@hotmail.fr

Nos librairies en France

Librairie internationale
16, rue des Écoles
75005 Paris
librairie.internationale@harmattan.fr
01 40 46 79 11
www.librairieharmattan.com

Librairie des savoirs
21, rue des Écoles
75005 Paris
librairie.sh@harmattan.fr
01 46 34 13 71
www.librairieharmattansh.com

Librairie Le Lucernaire
53, rue Notre-Dame-des-Champs
75006 Paris
librairie@lucernaire.fr
01 42 22 67 13